Hans Prutz
**Neue Studien zur Geschichte der
Jungfrau von Orléans**

Prutz, Hans: Neue Studien zur Geschichte der Jungfrau von
Orléans
Hamburg, SEVERUS Verlag 2014

ISBN: 978-3-86347-840-7
Druck: SEVERUS Verlag, Hamburg, 2014
Nachdruck der Originalausgabe von 1917

Der SEVERUS Verlag ist ein Imprint der Diplomica Verlag
GmbH.

Bibliografische Information der Deutschen Nationalbibliothek:
Die Deutsche Nationalbibliothek verzeichnet diese Publikation in
der Deutschen Nationalbibliografie; detaillierte bibliografische
Daten sind im Internet über http://dnb.d-nb.de abrufbar.

© SEVERUS Verlag
http://www.severus-verlag.de, Hamburg 2014
Printed in Germany
Alle Rechte vorbehalten.

Der SEVERUS Verlag übernimmt keine juristische
Verantwortung oder irgendeine Haftung für evtl. fehlerhafte
Angaben und deren Folgen.

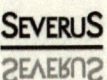

I. Die Denkwürdigkeiten des Perceval de Cagny.

Der Verfasser der beiden unter seinem Namen auf uns gekommenen angeblich zusammengehörigen Chroniken, von denen die erste eine Genealogie der Herzöge von Alençon enthält, die zweite Notizen bietet zur Geschichte Frankreichs von 1239 bis 1438, unter besonderer Berücksichtigung des Anteils des Hauses Alençon daran,[1]) Perceval de Cagny, war nach seiner eigenen Angabe aus der Gegend von Beauvais (Dep. Orne) gebürtig.[2]) Der Name der Örtlichkeit, nach der sein Geschlecht sich nannte, lebt heute fort nur noch in einem „bois de Cagny" in der Nähe von Crillon: so heißt heute der Herrensitz, nach dem schon früher der Name Cagny erst mit Boufflers und dann mit Saineval vertauscht war.[3]) Das darin begründete besondere Interesse an jener Gegend betätigt Perceval de Cagny auch, indem er bei Fortführung seiner Aufzeichnungen der am 10. November 1438 erfolgten Einnahme des dort gelegenen Cerberoy durch die Engländer gedenkt und den Schaden betont, der dadurch dem Lande und der Nachbarschaft bereitet wurde.[4])

Literarische Interessen lagen Perceval de Cagny bei seiner Arbeit fern: auch eigentlich historiographische Ziele hat er

---

[1]) Chroniques de Perceval de Cagny publiées pour la première fois par H. Moravillé. Paris 1902 (Société d'histoire de France).

[2]) Ebendas. S. 31: . . . . natif du pays de Beauvoisin.

[3]) S. II.

[4]) S. 254—55: . . . . qui fut moult grant dommage au pays et à tous les voisins d'entour.

dabei nicht verfolgt. Ihm war nur darum zu tun, den Ruhm des Hauses Alençon zu vermehren und demselben dadurch einen neuen Beweis der Dankbarkeit und der Treue zu geben, womit er ihm nahezu ein halbes Jahrhundert gedient hatte und auch fernerhin zu dienen hoffte. Dann aber wollte er seine „Nachfolger" wissen lassen, wie und welchen Herren er den gröfsten Teil seines Lebens gedient habe.[1]) Dabei mufs freilich dahingestellt bleiben, ob er unter „Nachfolgern" seine Nachkommenschaft verstanden wissen will oder die, welche dereinst nach ihm die von ihm bekleideten Ämter am Hofe der Alençon einnehmen werden.[2]) Nach seiner eigenen Angabe war Perceval de Cagny, als 1436 die Genealogie der Herzöge von Alençon fertig vorlag und er im Anschlufs daran seine Denkwürdigkeiten aufzuzeichnen begann, schon 46 Jahre im Dienst des Herzogshauses.[3]) Zuerst hatte er als „panetier", d. i. etwa Page, dem Grafen Peter von Alençon gedient, der nach 57 Jahren segensreichen Waltens in seiner Herrschaft am 20. September 1404 starb:[4]) er wird also, da junge Edelleute ihre Laufbahn mit fünfzehn Jahren zu beginnen pflegten, 1436 etwa sechzig Jahre alt gewesen sein, und seine eigenen Erinnerungen an das im Hause Alençon Geschehene reichten daher bis zum Jahre 1390 zurück. Dann diente er Graf Johann V. als „écuyer d'écurie"; als dieser am 1. Januar 1415 zum Herzog erhoben wurde, gewann natürlich auch seines Dieners Stellung an Bedeutung. Aber der neue Herzog fiel bereits am 25. Oktober 1415 bei Azincourt. In dieser Zeit begegnet uns Perceval de Cagny als Partei in einem im Februar und Mai 1413 vor dem Pariser Parlament verhandelten Prozefs über einen Besitzstreit mit einem Anhänger des Herzogs von Burgund, Jean de Hengest, Seigneur de Genlis.[5]) Unter dem zweiten Herzog von Alençon, Johann II., der 1424 an dem Unglückstag von Verneuil in englische Gefangenschaft fiel und erst 1427 daraus heimkehrte,[6]) stieg Perceval de Cagny zu dem Amte

---

[1]) S. 31. [2]) S. VII—VIII. [3]) S. 31. [4]) S. 13. [5]) S. XV—XVII.

[6]) Die letzte Tatsache erwähnt Perceval de Cagny, dagegen nicht die Gefangennahme bei Verneuil.

eines „maître d'hôtel" auf, zum Vorstand des gesamten herzoglichen Haus- und Hofhalts und wurde dadurch vollends eng mit den Schicksalen des Herzogshauses und der wechselnden Tätigkeit seines Herrn verknüpft, der ihn hoch in Ehren gehalten und reich belohnt zu haben scheint. Während die letzte Eintragung in seine Chronik sich auf das Jahr 1438 bezieht, begegnet uns Perceval de Cagny noch einmal am 14. April 1439 in einer von seinem Herrn ausgestellten Procuration.[1]) Weiterhin finden wir keine Spur mehr von ihm; gestorben aber kann er erst nach dem Frühjahr 1444 sein. Denn bei der Schilderung der prunkvollen Hochzeit des Dauphin mit Margarete von Schottland, die im Juni 1436 zu Tours stattfand und von der er als Augenzeuge berichtet, erwähnt er des die Trauung vollziehenden Regnauld de Chartres, des Kanzlers von Frankreich, mit dem Zusatz: „qui alors estoit arcevesque de Raims",[2]) was den Genannten als nicht mehr lebend voraussetzt, also erst nach dessen am 14. April 1440 erfolgten Tod geschrieben sein kann.

Man hat bereits früher wohl gezweifelt, ob die beiden zusammen überlieferten Chroniken, die Genealogie der Herzöge von Alençon und die Denkwürdigkeiten für die Jahre 1239 bis 1438, demselben Verfasser zuzuschreiben seien. Im Gegensatz dazu tritt ihr Herausgeber Henri Moravillé dafür ein, daß beide das Werk des Perceval de Cagny seien. Ob er aber damit das Richtige getroffen hat, erscheint fraglich. Denn wenn Perceval de Cagny in der Zwischenbemerkung, die von dem Schluß der Genealogie zu den folgenden zeitgeschichtlichen Notizen hinüberleiten soll, von der ersteren mit der doch wohl absichtlich und in einem ganz bestimmten Sinn gebrauchten Wendung spricht, zu Ehren seiner Herren und um die Erinnerung an das von ihm in ihrem Dienst Erlebte zu erhalten, „il a faict faire cest present memoire",[3]) d. h. habe er die vorliegende Denkschrift anfertigen lassen, so liegt darin doch ausgesprochen, daß die Arbeit in seinem Auftrag

---

[1]) S. IV Note.   [2]) S. 212—22.   [3]) S. 31.

angefertigt ist, also nicht von ihm persönlich herrührt. An diese in seinem Auftrag von einem andern fertig gestellte und ihm nun vorliegende Arbeit hat er dann von sich aus allerlei von dem anreihen lassen, was an Mißgeschick, Kriegen und Pestilenzen über Frankreich gekommen ist, so weit er davon bis zum Jahr 1436 Kunde erhalten hatte. Nur diese Deutung wird dem von ihm in der Zwischenbemerkung gebrauchten Ausdruck völlig gerecht. Eine Stütze findet sie in der Verschiedenheit der beiden Arbeiten: die Genealogie ist unverkennbar das Werk eines literarisch wohlgeschulten Autors, der stofflich aus dem Vollen schöpft und die Feder gewandt führt, während die folgenden Denkwürdigkeiten in ihrem wunderlichen Durcheinander der verschiedenartigsten Dinge und mit der Ungelenkheit des Ausdrucks als Verfasser den bisher vielbeschäftigten Hof- und Kriegsmann erkennen lassen, der in der beginnenden Muße seiner alten Tage seinem Kaplan gelegentlich diktierte,[1]) was ihm von seiner früheren Tätigkeit bemerkenswert erschien. Im Gegensatz dazu rührt die Genealogie der Herzöge von Alençon augenscheinlich von einem auf diesem Gebiete heimischen und in derartigen Arbeiten bewährten Verfasser her. Demselben unter den literarisch bekannten Zeitgenossen nachzuspüren hat keinen Zweck und verspricht keinen Erfolg: nur eine naheliegende Vermutung mag dazu vorgebracht werden. Wenn der Herausgeber der beiden Chroniken, Henri Moravillé, aus der Übereinstimmung gewisser Angaben des Perceval de Cagny mit solchen des Cousinot de Montreuil, dem wir die Chronique de la Pucelle in der uns vorliegenden überarbeiteten Gestalt verdanken — es handelt sich um Zahlen für die Verluste der Engländer — geschlossen hat, ersterer habe die gleiche Quelle benutzt wie letzterer, nämlich den von diesem als Gewährsmann angeführten „Herold von Alençon",[2]) so läge doch die Annahme näher, eben dieser Herold von Alençon sei es, den Perceval de Cagny zur Abfassung der Genealogie veranlaßte. Denn nach dem Brauche

---

[1]) Ebendas. S. 31 a. E.: et avecque ce a voulu faire mettre per escript aucun par des mechiès usw. [2]) S. VII.

der Zeit wäre eine solche Arbeit gerade recht die Sache eines Alençonschen Herolds gewesen. Auch war die Genealogie, als Perceval de Cagny sie als Einleitung seinen Denkwürdigkeiten voranstellte, nicht mehr ganz neu: sie ist sicher vor 1434 vollendet, da sie die in dieses Jahr gehörige zweite Ehe des Herzogs Johann II. von Alençon nicht kennt.

Was nun die eigentliche Chronik angeht, die sicher das Werk des Perceval de Cagny ist, so bezeugt dieser selbst in der vorangesetzten Bemerkung, daß sie im Jahr 1436 begonnen ist. Er wird demnach seine Denkwürdigkeiten bis zu diesem Jahr im Zusammenhang diktiert haben, um sie später, wenn wieder ihm Bemerkenswertes geschah, fortzuführen, so daß die Chronik für die folgenden Jahre den Ereignissen auf dem Fuße folgend wuchs. Das letzte, das sie erwähnt, ist der Verlust des 1436 von den Franzosen eroberten Saint-Germain-en-Laye an die Engländer am 18. Dezember 1438, für den er die Leute des Connetable Richemont verantwortlich macht.[1]) Die Art aber, wie er bei Erwähnung der Hochzeit des Dauphin 1436 des dabei fungierenden Kanzlers Regnauld von Chartres als des „damaligen" Erzbischofs von Rheims gedenkt,[2]) beweist, daß er noch nach dessen Tod (14. April 1440) an seinen Denkwürdigkeiten beschäftigt war, indem er Nachträge einfügte und im ersten Entwurf offen gelassene Lücken ausfüllte. Denn augenscheinlich sind die Lücken, die sich in dem uns überlieferten Text der Chronik finden, nicht auf die Rechnung von Duchesne zu setzen, welcher denselben aus einer inzwischen verloren gegangenen Handschrift kopierte, sondern von diesem seiner Vorlage entnommen und auf den Verfasser selbst zurückzuführen. Mag dieser die Denkwürdigkeiten bis 1436 auch in einem Zuge diktiert haben: es fehlten ihm doch nicht selten die genauen Daten, sowie die Vornamen zu erwähnender Personen und die Namen von Örtlichkeiten, welche er bei seinem löblichen und erfolgreichen Bemühen um möglichste Genauigkeit nachzutragen sich vorbehielt, indem er dafür gleich den

---

[1]) S. 256—57.   [2]) S. 221—22, vgl. oben S. 5.

nötigen Raum offen ließ. Die meisten dieser Lücken sind wohl schließlich unausgefüllt geblieben, sei es, daß der Autor die nötigen Angaben sich nicht verschaffen konnte, sei es, daß er durch das Alter und den Tod an der Vollendung der Arbeit gehindert wurde. Daß er im Sommer 1438 mit dieser wieder beschäftigt war, lehrt eine Bemerkung über die endliche Entfaltung kriegerischer Energie bei Karl VII., die besagt: „tout l'été présent le roy ne s'est entremis de faire la guerre".[1]) Da er nun bereits zum Jahr 1437 in ähnlicher Weise seine Befriedigung kund tut über den in der Haltung des Königs eingetretenen Wandel, indem er wohl im Hinblick auf früher von ihm gemachte bittere Bemerkungen notiert: „quelque conseil qu'il ait au temps passé, à présent veult faire la guerre la plupart à son vouloir",[2]) so muß er sowohl 1437 wie 1438 an seinen Denkwürdigkeiten tätig gewesen sein. Die gelegentliche Ausfüllung anfangs gelassener Lücken wird ihn immer wieder veranlaßt haben die Aufzeichnungen vorzunehmen. Daraus werden manche von den Unebenheiten und Widersprüchen zu erklären sein, die uns darin aufstoßen, wenn er z. B. zum Jahr 1414 den Herzog von Alençon durch den von Bourbon zum Ritter geschlagen werden läßt, aber erst im folgenden Jahr 1415 die Erhebung seines Herrn zum Herzog berichtet.[3]) Manche von diesen Nachträgen sind schon durch den Ausdruck als solche kenntlich. Zum Jahr 1434 z. B. gedenkt Perceval de Cagny — offenbar als Augenzeuge — der Verwüstungen, die ein Herbststurm in Angers anrichtete: seit vierzig Jahren habe man dort ein solches Unwetter nicht erlebt. Wenn er dazu bemerkt: „celui an l'été avoit esté le plus long et le plus chault qui eust esté de la cognoissance des hommes vivants",[4]) so läßt das „avoit esté" — der Sommer „war gewesen" — keinen Zweifel darüber, daß diese das Interesse an der Nachricht steigernde Notiz erst nachträglich hinzugefügt worden ist. In dieser Weise hat Perceval de Cagny bis mindestens 1440/41 an seinen Denkwürdigkeiten weiter

---

[1]) S. 253.   [2]) S. 236.   [3]) S. 90 und 93.   [4]) S. 188.

arbeiten können: trotzdem sind von den in dem ursprünglichen Diktat gelassenen Lücken, wie es scheint, die meisten unausgefüllt geblieben.

Aber nicht bloß als Aufzeichnungen eines den von ihm berichteten Ereignissen nahestehenden Zeitgenossen sind diese sich so anspruchslos gebenden Denkwürdigkeiten von Interesse: in einzelnen Abschnitten dürfen sie hohen Wert beanspruchen als Erinnerungen eines Augenzeugen und Mithandelnden. Seine Stellung im Dienst der Alençons ließ ihn vielfach zu einem solchen werden. Zwar hebt er das selbst niemals ausdrücklich hervor, doch läßt es sein dann besonders ausführlicher und anschaulicher Bericht erkennen. Das ist z. B. der Fall, wenn er zum Jahr 1413 die Teilnehmer der Versammlung erwähnt, welche die Anhänger des Herzogs von Orléans in Verneuil hielten, mit den Worten: „touz nos seigneurs tenans le parti de monseigneur d'Orléans",[1]) dann aber auch von dem Inhalt und den Ergebnissen der geführten Verhandlungen Kenntnis hat und weiß, daß die Kosten des glänzenden Kongresses seinem Herrn zur Last fielen. Daß er der Erhebung desselben zum Herzog am 1. Januar 1415 beigewohnt, läßt die starke Betonung der dabei entfalteten Pracht vermuten.[2]) Wenn er dann weiterhin bei dem Bericht über den Entsatz von Orléans von den Waffengenossen der Jungfrau als „nos gens",[3]) also als ebenfalls beteiligter spricht, so steht zwar fest, daß sein Herr, Johann II. von Alençon, den dortigen Kämpfen nicht beigewohnt hat[4]): doch schließt das nicht aus, daß sein tatenlustiger „écuyer d'écurie" den Zug mitgemacht hat, zumal er in seinem Bericht, wie auch sonst zuweilen, mit seinem sachkundigen militärischen Urteil nicht zurückhält, indem er meint, nach der Ansicht mancher Kapitäne sei die Bastion Les Tourelles selbst mit nur halb so viel Leuten noch einen Monat zu halten gewesen.[5]) Sicher auf Augenzeugen-

---

[1]) S. 80—81.   [2]) S. 93.
[3]) S. 46, vgl. S. 154: „l'avantgarde de nos gens".   [4]) Procès III S. 94.
[5]) S. 145 a. E. Vgl. die ähnliche Bemerkung des Herzogs von Alençon in seiner Aussage Procès III S. 94, nach der Besichtigung der genom-

schaft beruht dagegen, was er von dem Loirefeldzug berichtet, an dem sein Herzog teilnahm. Daher kann er da auch genaue Auskunft geben über die geringen Verluste der siegreichen Franzosen, wie: „Et n'y mourut de nostre part que 16 ou 20 personnes".[1]) Da macht er bei der Schlacht bei Patay am 17. Juni 1429 wieder den militärisch-technischen Standpunkt geltend, indem er als charakteristisch hervorhebt, daß die Engländer eigentlich widerstandslos zusammengehauen seien.[2]) Obenein bezeugt seine Anwesenheit die Kenntnis der Vorgänge nach der Schlacht, wo der Herzog von Alençon doch nicht wagte den an dem Siege beteiligten Connetable Richemont bei dem ihm zürnenden König einzuführen.[3]) Als Augenzeuge schildert Perceval de Cagny ferner die Hin- und Hermärsche der eine Schlacht suchenden Franzosen und der ihnen ausweichenden Engländer unter dem Herzog von Bedford.[4]) Dann folgte er dem Herzog, ohne den die Jungfrau bei der Unlust des Königs zu ernstlicher Kriegführung und der feindlichen Haltung der königlichen Räte überhaupt nichts hätte ausrichten können, auf dem Zuge gegen Paris und wurde Zeuge des mißlungenen Sturms vom 8. September. Das beweist der anschauliche Bericht darüber, der wiederum den Militär von Beruf erkennen läßt, der mit den getroffenen Dispositionen und der danach vorgesehenen Verwendung der einzelnen Truppenteile bekannt war. Schon die staunende Bemerkung über den furchtbaren Kanonendonner, der während des langen und harten Kampfes die Luft erfüllte,[5]) kann füglich nur von einem dabei Anwesenden herrühren. Daß er den leitenden Persönlichkeiten nahestand und um ihre Absichten wußte, lehren seine Angaben über die Art, wie der König die von Alençon und der Jungfrau geplante Erneuerung des Angriffs von einer anderen Seite her vereitelte, indem er die über die Seine geschlagene Brücke nachts heimlich abbrechen ließ.[6]) Danach

---

menen englischen Werke habe er es wohl unternehmen wollen, sie noch 6 oder 7 Tage gegen die Macht der Angreifer zu halten.

[1]) S. 151.   [2]) S. 154.   [3]) S. 155.   [4]) S. 163—64.
[5]) S. 167.   [6]) S. 168, 69.

erst zog sich Johann von Alençon grollend in sein Herzogtum zurück: mit ihm ist auch Perceval de Cagny davon gegangen. Von den ferneren Schicksalen Johannas weiß er aus eigener Anschauung daher nichts mehr zu berichten, und von ihrem Ausgang zu Rouen kann er nur wiederholen, was ihm von dabei Anwesenden erzählt war.[1]

Aber auch in den späteren Teilen seiner Aufzeichnungen spricht Perceval de Cagny mehrfach als Augenzeuge, wie von dem Unwetter, das im Oktober 1434 Angers heimsuchte und an Kirchen und Häusern großen Schaden anrichtete,[2] dann von dem Zug des Connetable Richemont von Pontoise nach Saint-Denis im August 1436 und den Gegenmaßregeln der Engländer,[3] wo er sich ganz besonders genau unterrichtet zeigt, und dann von dem Einzug Richemonts in Paris und der endlichen Rückkehr der Hauptstadt zum Gehorsam gegen den rechtmäßigen König. Auf Augenzeugenschaft beruht ferner sein Bericht über die Hochzeit des Dauphin mit Margarete von Schottland zu Tours im Juni 1436,[4] in dem die Mitteilungen über die den Begleiterinnen der Braut durch ihre Zurücksendung nach Schottland bereitete Enttäuschung den diesen Vorgängen nahestehenden Hofmann erkennen lassen. Das gleiche gilt von den Angaben über das Hochwasser, das 1437 die Touraine, Anjou und Maine heimsuchte,[5] und endlich von dem Einzug Karls VII. in Paris am 13. Dezember 1437.[6]

Nicht bloß ein über viele der von ihm notierten Vorgänge wohlunterrichteter Zeitgenosse spricht also in den Aufzeichnungen des Perceval de Cagny, sondern gelegentlich ein Mann, der an uns besonders interessierenden Vorgängen als Augenzeuge oder gar als Mithandelnder beteiligt war. Dank seiner Verbindung mit dem Herzog von Alençon ist er vertraut mit den unerquicklichen und politisch wie militärisch gleich nachteilig wirkenden Zuständen am Hof: er kennt La Tremoille als den allmächtigen Günstling,[7] der dort gebietet und in

---

1) S. 179/80.   2) S. 188.   3) S. 213/14.   4) S. 221 c. 22.
5) S. 227.   6) S. 245.   7) S. 171—185.

Gemeinschaft mit dem Kanzler Regnauld von Chartres den für kurze Zeit zur leitenden Stellung gelangten Connetable Richemont wieder verdrängte;[1]) er weiß, daß gewisse Leute Karl VII. durch den Hinweis auf die damit verbundenen Gefahren von dem Zuge nach Reims abzuhalten suchten,[2]) wie später die Absicht Alençons durchkreuzt wurde, nach dem mißlungenen Angriff auf Paris mit Jeanne d'Arc nach der Normandie zu gehen und dort, wo die Entscheidung lag, die Engländer zu bekämpfen.[3]) Von ihm erfahren wir, wie man in dem um die Jungfrau gesammelten Kreis kriegslustiger Patrioten über den König urteilte und wie dessen Meinung weithin geteilt wurde.[4]) Seit der Gefangennahme der Jungfrau hatte der Hof nach ihm nur noch den einen Gedanken, wie er, selbst um den Preis neuer Landabtretungen, mit England Frieden schließen könnte.[5]) Unser Autor teilt die Entrüstung der national und kriegerisch Denkenden, als Karl VII., 1433, statt Isle de France zurückzuerobern, wie namentlich wiederum der Herzog von Alençon riet, vielmehr nach Langnedos zog und dort kostbare Zeit nutzlos verbrachte.[6]) Um so freudiger begrüßt er den in der Haltung Karls eintretenden Wandel und läßt der Energie Gerechtigkeit widerfahren, zu welcher derselbe sich seit 1437 aufraffte.[7]) Streng tadelt er aber auch den lange Jahre zum Landesfeind stehenden Herzog von Burgund[8]) und den unzuverlässigen Herzog von Bretagne.[9]) Die Unbefangenheit seines Urteils bezeugt ferner die Kritik, die er an dem Verhalten des sonst von ihm so hoch geschätzten Connetable von Richemont übt.[10])

Nach alledem war Perceval de Cagny also jedenfalls in der Lage viel zu sehen und zu hören und insbesondere von den Ereignissen, die zur Rettung der nationalen Selbständigkeit Frankreichs führten, genauere Kunde zu geben. Aber daß er eigentlich historischen Sinn besessen und eine lebendige Anschauung von dem Zusammenhang der Dinge gehabt hätte,

---

[1]) S. 153, 155 und 164.   [2]) S. 157.   [3]) S. 170 a. E.
[4]) S. 205 a. E.   [5]) S. 205.   [6]) S. 228; vgl. S. 233.
[7]) S. 235—36 u. 240.   [8]) S. 208 u. 219.   [9]) S. 210.   [10]) S. 256-57.

wird man nicht behaupten können. Er ist zunächst Soldat und Hofmann und als solcher ein treuer Diener des herzoglichen Hauses: die Dinge, die uns in seinen Aufzeichnungen am meisten interessieren und ihnen besondern Wert verleihen, standen ihm in einer Linie mit den „Mißgeschicken, Kriegen und Pestilenzen", die nach seiner Kenntnis bis 1436 über Frankreich gekommen waren, wie er sich in der Vorrede ausdrückt, durch die er den Übergang von der durch ihn veranlaßten Genealogie der Alençons zu seinen Denkwürdigkeiten vermittelt.[1]) Aber gerade dieser naive Standpunkt und die ihm entspringende Anspruchlosigkeit seiner Mitteilungen verleihen seinem Bericht über Jeanne d'Arc besonderen Wert. Durch ihn allein erfahren wir, wie ein guter Franzose und tapferer Soldat, der auch ein guter Christ war,[2]) aber frei von jeder religiösen Schwärmerei und unberührt von mystischem Wunderglauben, die Heldin betrachtete, die er als Waffengefährtin seines Herrn in nächster Nähe beobachtet hatte, und wie er sich ihre Erfolge erklärte zu einer Zeit, wo ihre Gestalt noch nicht durch den Nebel der Legende und den Glorienschein des Märtyrertums bis zur Unkenntlichkeit entstellt war. Worin man nachmals eine ununterbrochene Kette von Wundern erblickte, die ein immer erneutes unmittelbares göttliches Eingreifen zu Gunsten Frankreichs bewirkt haben sollte, das hatte sich vor seinen Augen, ja unter seiner persönlichen Teilnahme abgespielt, als etwas zwar Erstaunliches, aber doch nicht Übernatürliches, sondern Menschliches.[3])

Es ist bemerkenswert, weil es einen Rückschluß zuläßt auf den Eindruck, den Johanna auf Kreise machte, die ihr unbefangen und ohne kirchliche oder politische Voreingenommenheit nahe kamen, daß Perceval de Cagny über die Offenbarungen, Stimmen und Erscheinungen Johannas mit kurzen Worten hinweggeht: bei dem Bericht über ihr Erscheinen zu Chinon bemerkt er nur, sie habe wunderbare Dinge gesprochen von Gott und den Heiligen und behauptet, Gott habe sie dem

---

[1]) S. 31.   [2]) S. 89.   [3]) S. 211 und 253.

König für den Krieg zu Hülfe geschickt.¹) Wohl sieht auch er in ihr eine Botin Gottes, die den König in seine Herrschaft wieder einsetzen soll²): aber wie ihr dieser Auftrag zu Teil geworden und wie ihr die nötigen Kräfte gekommen sind, sagt er nicht, sondern konstatiert nur dankbar die günstige Wandlung, die eingetreten ist „par l'ayde de Dieu et l'eure (d. i. oeuvre) de la Pucelle".³) Mit dieser Formel kommt er über das geschehene Außerordentliche hinweg, wie er die Jungfrau ein anderes Mal als Vermittlerin der göttlichen Hilfe bezeichnet.⁴) So läßt er denn auch die in Orléans für die Rettung der Stadt gehaltenen Dankprozessionen stattfinden für „la grace et l'honneur que Nostre Seigneur avoit faict au roy et à eulx tous, disant que c'estoit par le moyen de la Pucelle et que sans elle ne peussent si grans merveilles avoir esté faictes".⁵) Sollten nicht mehr Leute sich den großen Ereignissen jener Tage gegenüber ähnlich beschieden haben, sich der göttlichen Schickung freuend, aber ohne nach dem ursächlichen Zusammenhang im einzelnen zu fragen? Sicher war das auch der Standpunkt des Herzogs von Alençon: als Zeuge in dem Rehabilitationsprozeß läßt er sich auf der Jungfrau Visionen und Stimmen nicht ein, sondern bemerkt nur, ohne besondere göttliche Hülfe seien Dinge, wie sie Johanna gelungen, doch nicht möglich gewesen.⁶) Danach gibt Perceval de Cagny in seinem Bericht über Johannas Taten offenbar die Anschauung wieder, die in dem Kreise der eifrigsten und überzeugtesten Anhänger der Heldin herrschte: fromme Schwärmerei und erhitzter Wunderglaube spielten da keine Rolle. Diese sind vielmehr erst von anderer Seite hineingetragen worden und haben die Vorgänge, die den als Augenzeugen und mithandelnd daran Beteiligten zwar außerordentlich und als eine gnädige Fügung Gottes, aber doch als sich durchaus natürlich vollziehend erschienen waren, in die Sphäre des Wunderbaren erhoben. Nicht auf Eingebungen der Heiligen, auf Stimmen und Er-

---

¹) S. 139 a. E.   ²) S. 140 und 166.   ³) S. 155—56, 164, 167.
⁴) S. 171: par l'entremise de la Pucelle.
⁵) S. 155 und 156.   ⁶) Procès III, S. 94.

scheinungen, die ihr himmlische Weisungen übermittelten, führt Perceval de Cagny die Erfolge Johannas zurück, sondern — und damit trifft er zweifellos das Richtige — auf den Zauber ihrer Persönlichkeit, die Hoch und Niedrig mit fortriß, an sie fesselte und zu außerordentlichen Leistungen befähigte. Das spricht er wiederholt bestimmt aus und stellt sich damit in einen entschiedenen Gegensatz zu der späteren, von kirchlichen und politischen Tendenzen beeinflußten Tradition. Dafür ist schon das Eine bezeichnend, daß der Stab exaltierter Geistlicher, der nach anderen Berichten in der Umgebung der Jungfrau zeitweise eine Rolle spielte und deren gesunden, auf die harte Wirklichkeit gerichteten Sinn gelegentlich seinen Phantastereien dienstbar machte, bei ihm mit keinem Worte vorkommt. Vielmehr erscheint ihm der Herzog von Alençon nicht bloß als Johannas ständiger Genosse ihrer ersten großen Zeit und Teilhaber an ihren Erfolgen vom Loirefeldzug bis zum Abzug von dem vergeblich bestürmten Paris, sondern auch als derjenige, der sie leitet, das heißt die Macht ihrer Persönlichkeit da einzusetzen veranlaßt, wo es augenblicklich am nützlichsten schien. Denn das bedeutet es doch, wenn Perceval de Cagny meldet, nach dem mißglückten Angriff auf Paris habe die Jungfrau, den Tag zuvor verwundet, den Herzog früh morgens zu sich gebeten, „par qui elle se conduisoit".[1]) Diese Aussage eines Mannes, der den von ihm unter diesem Gesichtspunkt zusammengefaßten Vorgängen in der nächsten Umgebung des Herzogs selbst beigewohnt hat, wirft auf die Stellung Johannas ein eigentümliches Licht, stellt sie jedenfalls nicht als die leitende Persönlichkeit dar. Das wäre danach vielmehr der Herzog gewesen, der sich geschickt des Einflusses bediente, den die Lothringerin auf seine Leute ausübte. Schon in Orléans waren die Bürger bald des zuversichtlichen Glaubens gewesen, unter Johannas Führung müsse alles nach Wunsch gehen.[2]) Deshalb schlug der Herzog nachher dem König vor,

---

[1]) S. 168.

[2]) S. 143 a. E.: Les gens de la ville ... avoient ferme espérance que les Englais ne leur pourroient mal en sa compacgnie.

er möge die Jungfrau mit ihm nach der Normandie ziehen lassen.[1]) Daß dies nicht geschah, ist recht eigentlich das Verhängnis Johannas geworden: denn so blieb gerade die stärkste Seite ihres Wesens hinfort ungenutzt. Der Berührung mit der für sie begeisterten Menge kampffroher Leute entrückt, wurde sie je länger je mehr zu einer ein Phantasieleben führenden Visionärin, was sie anfangs keineswegs gewesen war.

Und hier stehen wir wohl an dem Punkte, von dem aus wie einst für unbefangen beobachtende Zeitgenossen, so auch für die historische Forschung und damit für die Nachwelt überhaupt das Rätsel der Erfolge der Jungfrau seine sehr einfache und durchaus natürliche Lösung findet. Seinen Vorschlag, Johanna mit ihm nach der Normandie ziehen und in den Marschen der Bretagne und Maines fechten zu lassen, begründete nach Perceval de Cagny der Herzog von Alençon damit, daß man dann auf massenhaften Zuzug rechnen könnte: ihrer Fähigkeit, den gemeinen Mann zu begeistern und mit sich fortzureissen, entsprangen ihre scheinbar überirdischen Kräfte. Perceval de Cagny spricht das wiederholt als seine Überzeugung aus und hatte daher keinen Grund nach überirdischen Quellen derselben zu suchen und ihre glorreiche Betätigung auf immer neue Wunder zurückzuführen. Nicht der Glaube an den göttlichen Auftrag, in dem sie gekommen, nicht die Kunde von den ihr durch ihre Heiligen vermittelten himmlischen Weisungen und nicht die Überzeugung von ihrer angeblichen überlegenen militärischen Einsicht, sondern der Eindruck ihrer Persönlichkeit fesselte die sich ihr Nahenden an sie, ließ sie von ihrer Führung den Sieg hoffen und in dieser Zuversicht wirklich gewinnen. So erstaunlich Johannas Erfolge auch ihm erschienen und so aufrichtig er sich ihrer als einer gnädigen Fügung Gottes freute, davon, daß er geglaubt hätte, dieselben seien auf übernatürlichem Wege zu Stande gekommen und ständen außerhalb des menschliche Unternehmungen beherrschenden Kausalnexus, findet sich bei ihm keine Spur. Auch der gemeine Mann, der unter den

---

[1]) S. oben S. 12.

Schrecken des englischen Krieges so lange gelitten hatte, fragte, wenn er hörte, was in Orléans geschehen war, nicht, woher denn der Bäuerin, die mit ihrem Banner den Kriegern voranging, die Kräfte gekommen wären, denen sie den Sieg verdankte, sondern war ohne Weiteres davon überzeugt, daß es ihr auch weiterhin nicht fehlen würde, und leistete ihr deshalb bereitwillig zum Angriff auf Jargeau Folge.[1]) Wenn das namentlich auch die „Gemeinen", d. h. die städtischen Kontingente taten, so war das zum Teil der auch von Perceval de Cagny hervorgehobenen Fähigkeit der Jungfrau zu danken, ihre Leute alsbald in eine damals sonst unbekannte Ordnung zu bringen und darin zu erhalten, wie es ein Marschall oder Connetable nicht besser gekonnt hätte.[2]) Während des Marsches gegen Paris gab es nach unserm Gewährsmann „in allen Ständen" niemand, der nicht überzeugt gewesen wäre, sie werde die Stadt erobern.[3]) Daher stellt derselbe bei Würdigung des von der Jungfrau bis zu dem Mißerfolg vor Paris Geleisteten in scharfen Worten dem Undank des Königs und seiner Räte die begeisterte Anhänglichkeit der „Ritter, Knappen und gemeinen Leute" entgegen, die unter ihr den Krieg sogar ohne Sold weiterzuführen bereit waren.[4]) Wunderbar, sagt er schließlich bei dem Bericht über Johannas Ausgang, seien allen, die sich in ihrem Gefolge befanden, ihre Taten erschienen, aber daß sie Wunder gewesen, auf übernatürliche Weise vor sich gegangen seien, sagt er nicht, weist vielmehr bezeichnender Weise darauf hin, weil sie von Gott gesandt zu sein behauptet habe, in männlicher Tracht einhergegangen und geritten sei und Dinge gekonnt habe, die sonst in Kriegszeiten Connetable und Marschall zu tun hätten, sei von den Engländern alles aufgeboten worden, um sie als Ketzerin zu erweisen, und deshalb sei sie verbrannt worden;[5]) gegen sie seien, so deutet er dabei an, auch manche von ihren Reden geltend gemacht worden.

Von dem Glorienschein einer auf Schritt und Tritt Wunder wirkenden und dauernd mit den Heiligen in Verkehr stehenden

---

[1]) S. 150. [2]) S. 153 a. E. [3]) S. 166. [4]) S. 172. [5]) S. 179.

Visionärin, ohne den man ein paar Jahrzehnte später in Frankreich die Jungfrau sich nicht mehr denken konnte und den als berechtigt zu erweisen in dem Rehabilitationsprozeß berufene und unberufene Zeugen unter dem Bann der inzwischen aus politischen Gründen planmäßig großgezogenen Legende förmlich wetteiferten, findet sich nach alledem keine Spur in dem Bilde, das dieser der Heldin im Leben so oft nahe gewesene schlichte Soldat von ihr entwirft. Sie ist ihm von Gott gesandt, wie alles Gute von Gott kommt, aber ihr Tun und Handeln steht für ihn nirgends außerhalb der Gesetze, die für Tun und Handeln der Menschen maßgebend sind. Die Jungfrau ist bei ihm nicht eine gottgesandte Prophetin, die sich ihrer himmlischen Verbindungen jeden Augenblick bewußt ist und in Zweifelfällen nicht ohne eine gewisse Selbstgefälligkeit zu denselben ihre Zuflucht nimmt, sondern eine derbe Bäuerin, welche der erbitternde Anblick ihrer verwüsteten Heimat und der Not der Ihrigen, sowie die patriotische Entrüstung über das traurige Schicksal ihres angestammten Königs die Waffen zu ergreifen gedrängt haben, die aber erst durch die ihr Auftreten begleitenden Umstände zu einer allgemeinen Bedeutung erhoben wurde. Erst hinterher hat diese die politischen Tendenzen verfolgende Tradition zu einer Art von überirdischer Erscheinung gemacht, sodaß von ihrem ursprünglichen Wesen bis auf einige wenige Züge, die nun natürlich höchst befremdlich erscheinen, fast nichts übriggeblieben ist. Während die legendäre Jeanne d'Arc unausgesetzt den Namen Gottes im Munde führt und fast jede der von ihr berichteten Reden, Anordnungen und Befehle mit den sie immer von neuem als Sendbotin des Himmelskönigs legitimierenden „Im Namen Gottes" — „En nom Dé" — beginnt, läßt Perceval de Cagny die ihm vertraute geschichtliche sich vielmehr einer weniger heiligen, aber naturwüchsigeren und zu ihrer neuen Tätigkeit und Lebensweise besser passenden Formel bedienen, die zudem auch ihrem Publikum angemessener war: „Par mon martin" — „Bei meinem Stab". Bei ihm kommt die Beteuerungsformel so häufig und mit so stark betonter Absichtlichkeit vor,¹) daß man nicht daran zweifeln kann, sie ist ihm einst besonders aufgefallen, hat sein Ohr oft getroffen und ist von ihm als besonders charakteristisch festgehalten worden. Auch entspricht sie dem Brauch der Zeit, nach dem der Stab als Sinnbild des Kommandos das Abzeichen der Kapitaine war. La Hire, der sozusagen klassische Repräsentant der Soldateska jener Zeit, so wird berichtet, pflegte nicht bei Gott zu schwören, sondern bei seinem Stab,²) und von der Jungfrau heißt es in dem ihr freilich feindlich gesinnten Journal d'un bourgeois de Paris, sie habe, wenn einer ihrer Leute eine von ihr gegebene Weisung nicht gleich verstand, alsbald mit ihrem Stabe dreingeschlagen, was freilich zu dem Idealbild nicht recht passen will, das man sich später von ihr zurechtgemacht hat. Es findet aber ein Seitenstück in einem anderen, zwar unwesentlichen, aber augenscheinlich ebenfalls dem alltäglichen Leben entnommenen und als besonders charakteristisch festgehaltenen Zug, der den getreuen Diener des Herzogs von Alençon begreiflicherweise besonders interessierte und mit einem gewissen Stolz erfüllte. Das ist die vertrauliche und sozusagen schmeichelhafte Anrede, mit der Johanna sich an den Herzog zu wenden pflegte „mon beau duc".³) Für die Zuverlässigkeit der Angaben des Perceval de Cagny über diese Dinge spricht noch, daß auch sein Bericht über den Besuch, den die Jungfrau der Mutter und der Gattin des Herzogs in Saint-Flourens bei Saumur machte, vollkommen stimmt mit den Angaben, die der Herzog selbst darüber später machte: er bezeugt von neuem das besondere Vertrauensverhältnis, das zwischen diesem und der Heldin bestand. Wesentlich beigetragen wird dazu wohl die Zuversicht haben, mit der Johanna die Befreiung des Herzogs Karl von Orléans, des Vaters der Herzogin, aus englischer Gefangenschaft in Aussicht stellte.⁴)

Ohne den Anspruch zu erheben, eine Geschichte der denk-

---

[1] S. 141, 145, 146, 149, 157, 168, 174.
[2] Procès III, S. 206 und IV, S. 40 Note.
[3] S. 149, 151, 165, 168, vgl. S. 148 und Procès III S. 96.
[4] S. 148, vgl. Procès III S. 96.

würdigen Vorgänge zu schreiben, von denen er den einen in
dem Gefolge seines hervorragend daran beteiligten Herrn nicht
bloß als Augenzeuge sondern als Mithandelnder beigewohnt,
die anderen auf Grund authentischer Mitteilungen eben desselben Herrn genau kannte, verdient Perceval de Cagny auch
heute noch unter den zeitgenössischen Berichterstattern über
die Taten der Jungfrau von Orléans den ersten Platz und darf
in weit höherem Maße, als bisher geschehen ist, als eine Autorität herangezogen werden, an deren streng sachlichen, von
aller Schwärmerei und Phantasterei freien Angaben die so
ganz anders gearteten zu prüfen und auf das richtige Maß
zurückzuführen sind, welche zwei Jahrzehnte später die unter
dem Bann der inzwischen mächtig erstarkten Legende stehenden Zeugen des Rehabilitationsprozesses den gerade solche
Dinge zu hören begierigen päpstlichen Kommissarien zum
Besten gegeben haben, um im Interesse der wieder auf dem
Thron befestigten Dynastie aus dem schlichten Bauernmädchen,
in dem der Drang des von seinem König und seinen Fürsten
im Stich gelassenen französischen Volkes zur Selbsthilfe sich
verkörpert hatte, eine ihres himmlischen Berufes allzeit be-
wußte Prophetin zu machen: das Bild der geschichtlichen
Jeanne d'Arc ist uns am besten und eigentlich allein bei Perceval de Cagny erhalten.

II. Poitiers.

Wenn Jeanne d'Arcs Kaplan, der Augustiner-Eremitenmönch Jean Pasquerel aus Bayeux, auf Grund der ihm von
der Jungfrau selbst gemachten Mitteilungen deren Aufenthalt
und Prüfung zu Poitiers vor ihren Empfang durch Karl VII.
zu Chinon setzt,[1]) so liegt da offenbar eine Verwechselung vor
mit ihrem zweiten, ganz flüchtigen Besuch daselbst, der auf
dem Wege von Poitiers nach Tours und weiter nach Blois
stattfand, also nachdem der Hof beschlossen hatte, die ihm

---

[1]) Vgl. H. Prutz, Studien zur Geschichte der Jungfrau von Orléans
in diesen Sitzungsberichten 1913, Abh. 2 S. 73.

im Augenblick der höchsten Not so überraschend erschienene Retterin trotz der noch immer obwaltenden Bedenken ihr Glück vor Orléans versuchen zu lassen. Immerhin ist damit die Möglichkeit gegeben, daß der eine oder der andere von den nebensächlichen Zügen, welche die Zeugen des Rehabilitationsprozesses aus den Tagen von Chinon zu berichten wissen, zu diesem zweiten Aufenthalt gehört und nur versehentlich zu dem ersten erzählt worden ist. Bei beiden kann es sich nur um einige wenige Tage gehandelt haben, bei dem zweiten sogar wohl nur um eine flüchtige Durchreise. Denn das allein würde der Situation entsprechen, da Johanna, die schon während des Aufenthalts in Poitiers in wachsender Ungeduld täglich in den König gedrungen war sie nach Orléans zu schicken,[1] sicherlich nicht noch mehr kostbare Zeit wird ungenutzt haben verstreichen lassen wollen, sondern sich beeilt haben wird nach Blois zu kommen, wo die zum Zug nach Orléans bestimmten Mannschaften und Vorräte gesammelt wurden, worüber ohnehin noch wieder längere Zeit vergehen mußte. Die Vorgänge im einzelnen chronologisch genau festzulegen ist freilich nicht möglich, doch kann über den Zeitraum, den sie insgesamt füllten, kein Zweifel obwalten.

Durch die übereinstimmenden Zeugenaussagen in dem Rehabilitationsprozeß und die damit im Einklang stehenden Angaben der sonstigen Quellen ist sicher, daß von dem Erscheinen Johannas in Chinon bis zu dem Eingehen des lange schwankenden Königs auf ihren Antrag im ganzen ein Monat verflossen ist, wovon etwa drei Wochen auf den Aufenthalt und die Prüfung zu Poitiers entfielen.[2] Wenn Johanna demnach

---

[1] Bericht des Greffier von La Rochelle in der Revue historique IV S. 337: . . . . en poursuivant chacun jour le Roy, qu'il mandast les gens pour aller lever le siège.

[2] Procès III S. 4: . . . transacto trium hebdomadarum aut unius mensis spatio . . . . Ebd. S. 17: examinata spatio trium septimanarum aut amplius Pictavis quam Caynone. Vgl. I S. 75: quod per tres hebdomadas fuit interrogata apud villas de Chinon et Pictavis. Vgl. Morosini III S. 99: par l'espace de mois.

wie meistens angenommen wird, am 6. März in Chinon ankam, so würde ihr erster, längerer Aufenthalt daselbst ungefähr die Tage bis zum 13. März umfaßt haben, der dann folgende längere in Poitiers, wo damals auch der Hof verweilte,[1]) etwa am 5. April zu Ende gegangen sein.

I.

Was nun die Vorgänge betrifft, die sich während dieser drei Wochen in Poitiers abspielten, so ist von vorneherein festzustellen, daß die Tradition da ganz ebenso wie bei dem von ihr entwickelten und festgehaltenen Bilde von dem Auftreten Johannas zu Chinon Züge aufgenommen und weitergegeben hat, die dem wirklich Geschehenen fremd sind und sich bei näherer Prüfung als frei erfundene Schöpfungen der Phantasie fernerstehender Zeitgenossen und nachlebender Berichterstatter erweisen. Die dadurch erzeugten falschen Vorstellungen haben dann, wie das in solchen Fällen so leicht geschieht, nach rückwärts die Wirkung gehabt, daß man auch dem Wortlaut der zeitgenössischen Quellen befangen gegenüberstand und ihn unwillkürlich möglichst so deutete, wie er gedeutet werden mußte, um mit der nun einmal eingebürgerten Tradition scheinbar in Einklang zu stehen. In dem Mistère du siège d'Orléans erscheint die Jungfrau, um dem Willen des Königs gemäß nochmals geprüft zu werden und den himmlischen Ursprung ihrer Aufträge zu erweisen, vor dem versammelten Parlament und wird von dessen Präsidenten und Räten befragt und hat mit den hohen Herren eine längere Zwiesprache[2]): mit dieser einen Zusammenkunft ist die Sache abgetan und der Ritt nach Blois wird angetreten. In Wahrheit aber hat es sich bei der Prüfung in Poitiers um ein längere Zeit beanspruchendes, jedoch zwangloses und sozusagen formloses Verfahren gehandelt, dem erst nachträglich in der Tradition ein anderer Charakter gegeben worden ist, während es als staatliche Aktion höchstens

---

[1]) Procès III S. 74: stetit ipsa Johanna in villa Pictavensi totidem sicut fecit rex.

[2]) Mistère du siège d'Orléans S. 366 Vers 10167 bis S. 405 Vers 10407.

in seinem Schluß gelten konnte, der Abgabe eines Gutachtens durch die Teilnehmer an der Prüfung vor dem königlichen geheimen Rate und dessen Meinungsäußerung darüber dem König gegenüber, auf Grund deren dann dieser seine weiteren Entschlüsse faßte. Wenn statt dessen die Tradition Johannas Prüfung vor dem seit 1418 aus Paris nach Poitiers verlegten Parlament vor sich gehen läßt, so verfährt sie willkürlich und unlogisch, da es zweifelhaft sein konnte, ob die in Poitiers versammelten dürftigen Bruchteile des höchsten Gerichtshofs, die wegen ihrer königtreuen Gesinnung vor der Gewaltherrschaft der englischen und der burgundischen Partei aus der Reichshauptstadt geflohen waren und in Poitiers in Not und Entbehrungen aller Art ein mit ihrem hohen Amt übel kontrastierendes kümmerliches Leben führten,[1] als vollberechtigte Träger der dem Pariser Parlament beiwohnenden Autorität gelten konnten, außerdem aber feststand, daß sie für die Frage, die es hier zu entscheiden galt, durchaus inkompetent waren und für ihren Spruch eine allgemein geltende Autorität nicht beanspruchen konnten. Wenn ferner spätere Berichterstatter die Sache sich so zurechtlegten, als hätte es sich um eine Untersuchung von Johannas Angaben durch die gelehrten Herren der Universität gehandelt, so ist demgegenüber festzuhalten, daß zwar von den Pariser theologischen und juristischen Professoren manche sich ebenfalls nach Poitiers zurückgezogen hatten und dort vielleicht auch irgendwie lehrend tätig waren,[2] daß aber eine als solche anerkannte und mit den entsprechenden Privilegien ausgestattete Universität damals dort noch nicht bestand: sie ist erst 1432 durch Papst Eugen IV. errichtet worden. Tatsächlich sind denn auch an dieser neuen Prüfung der Jungfrau in erster Linie dieselben

---

[1] France I S. 215 ff. und D. Neuville, Le Parlement royal à Poitiers 1418—36 in der Revue historique VI S. 128 ff. und S. 272 ff.

[2] So erklärt sich auch wohl Pasquerels Angabe Procès III S. 102, Johanna sei nach Poitiers geschickt „ad examinandum per clericos ibidem in universitate existentes": zur Zeit seiner Aussage gab es in Poitiers bereits wirklich eine Universität.

Männer beteiligt gewesen, welche sie bereits in Chinon geprüft hatten, freilich unter Zuziehung auch noch anderer, die man nach ihrer Stellung und nach ihren Beziehungen zum Hof für berufen hielt in dieser Angelegenheit mitzureden. Die Herren entledigten sich, wie die späteren Zeugenaussagen deutlich erkennen lassen, ihres Auftrags nun aber nicht so, daß sie sich zu gemeinsamen Sitzungen vereinigt hätten, um die Jungfrau zu vernehmen, sondern indem sie in größeren oder kleineren Gruppen und wohl auch von neugierigen Höflingen und Kriegern, gelegentlich auch von niedriger gestellten Leuten begleitet, Johanna in ihrem Quartier aufsuchten und dort mit ihr eine längere Unterhaltung führten. Von irgendwelchem sozusagen amtlichen Apparat, der Mitwirkung von protokollführenden Schreibern usw. ist nichts erkennbar. Dennoch scheinen Aufzeichnungen über die mit Johanna geführten Gespräche gemacht und wenigstens die wichtigsten von deren Antworten schriftlich festgehalten worden zu sein. Wenigstens nimmt die Jungfrau gegenüber ihren Richtern zu Rouen wiederholt auf solche Bezug und wünscht die Richtigkeit ihrer Aussagen durch Vorlegung des über ihr Verhör zu Poitiers geführten Protokolls erweisen zu können,[1]) knüpft daran jedoch einmal Zweifel, ob das Gott genehm sein würde.[2]) Da aber solcher Aufzeichnungen sonst nirgends Erwähnung geschieht, liegt auch die Möglichkeit vor, Johanna sei ihrerseits der Meinung gewesen, es seien, wie in ähnlichen Fällen sonst üblich, zu Poitiers derartige Aufzeichnungen gemacht worden, während es tatsächlich nicht der Fall war.

Fehlte demnach in Poitiers eine Universität, deren gelehrte Theologen und Juristen in der Sache des lothringischen

---

[1]) Procès I S. 71: Si de hoc faciatis dubium, mittatis Pictavis, ubi alias fui interrogata. S. 72: Si vero non credatis mihi, vadatis Pictavis. S. 94: Est illud scriptum in villa Pictavensi. Nicht ganz deutlich ist die Äußerung S. 71: Et una maior pars illius, quod angelus ipsam docuit, est in libro.

[2]) Ebd. S. 73: quod bene vellet, quod interrogans haberet copiam illius libelli, qui est apud Pictavis, dummodo Deus sit de hoc contentus.

Bauernmädchens ein Gutachten hätten abgeben können, das wenigstens innerhalb der königlichen Partei und bei dem zu seinem angestammten Herrscherhaus stehenden Teil des französischen Volks der Anerkennung sicher gewesen wäre, und war der dort verweilende oberste Gerichtshof des Reichs sich in dieser Sache autoritativ zu äußern überhaupt inkompetent — tatsächlich erscheint denn auch von den in jener Zeit nachweisbaren Parlamentsräten keiner unter den mit der Prüfung Johannas beauftragten Gutachtern —, so entsteht die Frage, was Karl VII. denn eigentlich bestimmt haben mag, die so dringend nötige Entscheidung gerade dorthin zu verlegen und — was ja gar nicht nötig gewesen wäre — sich mit seinem Hofe und der diesem folgenden höchsten Beamtenschaft dorthin zu begeben. Entfernte er sich damit doch noch weiter von dem Punkte, wo das Schicksal seines Reiches auf des Messers Schneide stand und die sich so überraschend anbietende Retterin sich zunächst betätigen wollte. Denn als Hauptstadt Frankreichs, die ohne weiteres an die Stelle von Paris zu treten gehabt hätte, konnte Poitiers damals doch auch nicht gelten, nicht einmal in dem Sinn, in dem während der letzten Jahre Karl VII., zunächst zum Spott, König von Bourges genannt worden war. Die Reise des Hofes dorthin erscheint unter den damaligen Umständen so absonderlich und der Lage so unangemessen, daß man auf die Vermutung geführt wird, ihr haben ganz besondere Motive zu Grunde gelegen und sie habe nur äußerlich mit dem Auftreten der Jungfrau zusammengehangen.

Die Lage Karls VII. war gerade damals wahrhaft verzweifelt, und wenn im Anschluß an die legendäre Erzählung von einem der Jungfrau durch ein Wunder bekannt gewordenen Gebet des Königs[1]) nachmals die Rede ging, Karl habe, entschlossen sich in das von Gott über ihn verhängte Schicksal in Demut zu fügen, beabsichtigt Thron und Reich im Stich zu lassen und sein Leben als Privatmann in dem Lande eines

---

[1]) Prutz, a. a. O. S. 93 ff.

seiner Verbündeten, also in Kastilien oder Schottland, zu beendigen, so wäre die Ausführung dieses Vorhabens allerdings gerade damals besonders angezeigt gewesen. Erkennt doch selbst das Gutachten, durch das die zur Prüfung dieser Sache in Poitiers bestellten Herren dem König empfahlen auf die Vorschläge der Lothringerin einzugehen, ausdrücklich an, daß alle anderen Mittel zur Abwendung des drohenden Unheils erschöpft seien und man schon deshalb diese letzte sich bietende Möglichkeit nicht unversucht lassen dürfe.[1]) Unter diesen Umständen gewinnt nun eine Notiz besondere Bedeutung, die sich in einer bis auf wenige Bruchstücke verlorenen zeitgenössischen Quelle findet und als Grund für die Reise des Hofes nach Poitiers geradezu des Königs Absicht angibt nach La Rochelle zu gehen und sich dort zur Flucht aus dem Lande einzuschiffen.

Diese bisher nicht gebührend beachtete Angabe stammt aus der Chronik des schottischen Benediktiner-Klosters Dunfermline[2]) und ist bereits von Quicherat[3]) veröffentlicht worden. Diese am Firth of Forth gelegene Abtei hatte seit ihrer Gründung im elften Jahrhundert dem schottischen Königshause nahegestanden, von ihm vielerlei Gunst erfahren und ihm daher auch weiterhin manche nützliche Verbindung zu verdanken gehabt. Ihre Mönche dürften infolgedessen Gelegenheit gehabt haben, Dinge von allgemeinem Interesse zu hören und zu sehen, was der von ihnen gewissenhaft geführten Klosterchronik zu gute kam. So sind in diese auch Mitteilungen eines Klosterbruders gekommen, der nicht bloß zur Zeit des Auftretens der Jungfrau in Frankreich verweilt und sie mit eigenen Augen gesehen, sondern sich selbst in ihrem Gefolge befunden hatte, also als Augenzeuge berichten konnte.[4])

---

[1]) Vgl. Procès III S. 83, 391/92; IV S. 487. Ayroles, La vraie Jeanne d'Arc I S. 685 ff. Es wird später noch besonders zu behandeln sein.

[2]) So heißt es in der Encyclopaedia Britannica VIII S. 678: Quicherat schreibt Dunfermiling.

[3]) Procès IV S. 482/83 und V S. 339 ff.

[4]) In dem von Quicherat, Procès IV S. 483 ff. mitgeteilten, damals

Daß ein schottischer Mönch aus einem dem dortigen Königshaus nahestehenden Kloster damals nach Frankreich kam und dort in den Kreis gelangte, in dem Johanna zunächst auftrat, kann nicht wundernehmen, wenn man die enge Verbindung erwägt, die damals aus politischen Gründen zwischen beiden Reichen bestand, und sich erinnert, daß der künftige Erbe des französischen Thrones nicht lange danach mit einer schottischen Prinzessin vermählt wurde. Auch zeigt sich der Berichterstatter in dem, was er über Frankreichs Zustände und über die Persönlichkeit und die Lebensgewohnheiten Karls VII. mitteilt, wohl unterrichtet: er betont desselben bigotte Frömmigkeit, erwähnt, daß er täglich beichtete und dreimal die Messe hörte und häufig das Abendmahl nahm.[1]) Er scheint am Hofe Bescheid gewußt zu haben, und daß er nicht zu dem bald bedenklich anwachsenden Stab schwärmender Mönche gehört hat, die sich um Johanna sammelten, und deren Einfluß auf die Menge weniger im Dienst der nationalen Sache als zur Förderung ihrer eigenen phantastischen Projekte benutzten, möchte man aus der Art entnehmen, wie er von der Heldin spricht: überzeugt von dem himmlischen Ursprung ihrer Mission, war er doch unbefangen genug, um sie ohne den Glorienschein, der sie selbst für die ihr im täglichen Leben Nahekommenden umgab, in ihrer beschränkten Menschlichkeit zu sehen. Nach ihm hätte ihr unscheinbares Äußere wenig zu dem gestimmt, was sie zu vollführen berufen sein sollte, und von ihren geistigen Gaben hat auch er nur eine sehr geringe Vorstellung.[2]) Unter diesen Umständen ist es zu bedauern, daß die einzige Handschrift, in der die Chronik von Dunfermlin auf

---

allein bekannten Stück der französischen Übersetzung der Chronik, die im Anfang des 16. Jahrhunderts für John Stuart, Herzog von Albany und Regenten Schottlands, angefertigt worden ist, heißt es: .... laquelle (d. i. Johanna) j'ay veu et cogneu et avec elle ay esté en ses conquestes et recupération et à sa vie suis toujours esté présent et à sa fin.

[1]) Ebd. IV S. 340.
[2]) Procès V S. 340/41: Gott schickte dem König auf sein Gebet: „ancillam, virginem, puellam, homnium creaturarum ante hoc pusillanimissimam et spiritu pauperrimam, corpore etiam exiguam et pusillam" usw.

uns gekommen ist, gerade da abbricht, wo der Verfasser die von ihm verheißene[1]) ausführliche Darstellung der Taten und des Endes der Jungfrau beginnen will.[2]) Immerhin wird nach dem, was aus den davon erhaltenen Bruchstücken über den Autor und den Wert seiner Mitteilungen zu erschließen ist, seiner Angabe über den Grund der Reise Karls VII. und seines Hofes nach Poitiers, die in anderer Weise kaum genügend zu erklären ist,[3]) Glauben beigemessen werden dürfen: angesichts des drohenden Falls von Orléans, dem alsbald der Einbruch der Engländer in die Landschaften südlich der Loire folgen mußte, wollte der König nach La Rochelle gehen, um von dort über See zu fliehen.[4]) Der Weg dorthin führt von Chinon über Poitiers. Erst die Wendung, die dort in der Angelegenheit der Jungfrau eintrat, hatte den Verzicht auf diesen Plan und die Rückkehr über die Loire zur Folge. Die Rettung der Loirefestung und der folgende glänzende Feldzug wandten das Schicksal Frankreichs und veranlaßten den König seinen Plan aufzugeben. Ein absonderliches Licht endlich wirft auf die Reise nach Poitiers die Tatsache, daß man Johanna offenbar nicht einmal sagte, wohin man sie führte. Sie beweist schlagend die Zweideutigkeit und Perfidie der leitenden Kreise des Hofes. Denn wie könnte sonst in die Tradition, wie sie später festgestellt wurde, der Zug gekommen sein, erst unterwegs, durch göttliche Offenbarung habe die Jungfrau erfahren, wo-

---

[1]) Ebd. S. 341: de cujus adventu et de mirabilibus operibus eius declarabitur ad longum in sequentibus.

[2]) Ebd. S. 342: Sequitur de initiis Puellae mirabilis provisione divina missae ad succursum Franciae et de actibus eiusdem. Wenige Zeilen danach bricht das Manuskript ab.

[3]) Denn auch wenn in dem Journal du siège, Procès IV S. 128 (Ed. S. 48) als Grund angegeben wird „comme aussy affin de trouver argent pour luy bailler gens", handelt es sich doch nur um einen Rückschluß des Berichterstatters, da tatsächlich in der nächsten Zeit diese Sorge eine Hauptrolle spielte.

[4]) Ebd. S. 340: .. et sic appropinquando se ad Rupellam, ubi ipse intendebat ascendere navem, civitatem fortissimam totius Franciae, transmutando locum usw.

hin man sie führte, und sei dadurch zu dem Ausruf veranlaßt worden, sie wisse wohl, daß sie in Poitiers viel zu tun haben werde, hoffe aber auf Gottes Hilfe.[1]) Um den Ort, wohin die Reise ging, trotz dem darüber beobachteten Geheimnis zu erfahren, bedurfte es für Johanna allerdings keines Wunders und keiner Offenbarung: den hat sie sicher von den gemeinen Leuten, die ihrer Eskorte beigegeben waren, mit Leichtigkeit erfahren.

Daß auch über die Vorgänge in Poitiers von seiten der Regierung alsbald ein offiziöser Bericht verbreitet oder genauer gesagt das dort Geschehene in demjenigen kurz erwähnt wurde, der unter Mitteilung des Ergebnisses der Prüfung und des darauf gegründeten Gutachtens des königlichen geheimen Rates zur Rechtfertigung des gefaßten Beschlusses zur Ausgabe gelangte, läßt schon die Bemerkung eines aufmerksamen und wohlunterrichteten Korrespondenten des Venetianers Antonio Morosini erkennen, von dieser Sache werde noch sehr viel mehr erzählt, als geschrieben sei.[2]) Es bestätigt die Ähnlichkeit des Wortlauts einzelner chronikalischer Quellen, deren Verfassern offenbar Exemplare dieser auch über Frankreich hinaus verbreiteten Blätter vorgelegen haben müssen, während besonders wichtige Stücke daraus, wie Johannas Brief an die Engländer und das Gutachten des geheimen Rates, von späteren Berichterstattern wörtlich übernommen worden sind. Hier liegt wohl auch der Grund dafür, daß man sich von der Art des zu Poitiers eingeschlagenen Verfahrens meist ein falsches Bild gemacht hat, indem man von der Gelehrsamkeit der dort zu urteilen berufenen Herren auf den Inhalt der Prüfung schließend und im Hinblick auf den augenfälligen Erfolg, den die Jungfrau dabei davon getragen, sich dasselbe als eine theologische Disputation dachte[3]) und in Johanna eine neue heilige Katharina erstanden wähnte, die vermöge über sie ge-

---

[1]) Journal du siège, Procès IV S. 128.

[2]) Morosini III S. 100: erzählt werden „beaucoup d'autres choses qui ne sont pas écrites".

[3]) Ebd. S. 99: „à disputer avec elle et à éprouver de mille manières".

kommener himmlischer Erleuchtung alle ihr gelegten Schlingen vermied und die ihr mißtrauisch entgegentretenden Herren nötigte sich bewundernd vor ihr zu beugen.[1]) Das macht es begreiflich, daß selbst ein Mann wie Alain Chartier den Akt als eine glänzend verlaufene theologische Disputation sich vorstellte und in beredten Worten schilderte,[2]) und weiterhin das schwerfällige Mistère du siège d'Orléans, den Sachverhalt noch weiter verkehrend, Johanna vor versammeltem Parlament befragt und als Gesandte Gottes anerkannt werden läßt.[3])

Im übrigen sind wir auch in Bezug auf den dreiwöchigen Aufenthalt der Jungfrau in Poitiers über gleichgültige Äußerlichkeiten und geringfügige Nebendinge zum Teil genauer unterrichtet als über die Vorgänge, die für die fernere Entwickelung ihrer Stellung entscheidend wurden, obgleich auch diese sich wenigstens znm Teil vor einer gewissen beschränkten Öffentlichkeit abgespielt zu haben scheinen. Einquartiert war Johanna in einem einst einer Familie namens Rosier gehörigen und deshalb angeblich „zur Rose"[4]) genannten Haus, in dem der mit dem Parlament von Paris übersiedelte Generalprokurator Jean Rabateau mit den Seinen ein bescheidenes Unterkommen gefunden hatte.[5]) Seiner Frau wurde sie zu besonderer Obhut anempfohlen,[6]) und diese beobachtete, wie sie täglich nach Tisch lange Zeit im Gebet auf den Knien lag und auch häufig in der Stille der Nacht eine in dem Hause befindliche Kapelle aufsuchte.[7]) Daß das Haus „zur Rose", seit bekannt wurde, welchen Gast es beherbergte, von vielen

---

[1]) Ebd. S. 58: „mais rien ne se voit clairement comme sa victoire sans conteste dans la discussion avec les maîtres de théologie, si bien, qu'il semble, en elle soit une autre sainte Cathérine venue sur la terre.

[2]) Vgl. Prutz, a. a. O. S. 23.

[3]) S. 405 ff. Vers 10407 ff.; vgl. oben S. 22.

[4]) Vgl. die Aussage Procès IV S. 537.

[5]) Procès III S. 19, 74, 82 und 203; Rabateau (1375—1444) war Präsident einer Kammer des Pariser Parlaments und fungierte zeitweilig als Kanzler.

[6]) Ebd. IV S. 209.

[7]) Ebd. IV S. 82/83.

Leuten, auch solchen, die mit der Sache gar nichts zu tun hatten, sondern nur ihre Neugier befriedigen wollten, aufgesucht wurde, ist selbstverständlich und scheint von den mit der Prüfung Beauftragten nicht nur nicht gehindert, sondern gern gesehen worden zu sein. Denn um zu einem Urteil über das wunderbare Mädchen zu kommen, galt es dessen gesamtes Gebahren, seine Reden und Antworten und auch seine körperlichen Zustände zu beobachten.[1]) Daher scheint man den Verkehr mit Johanna ziemlich freigegeben zu haben.[2])

II.

Um eine einigermaßen richtige Anschauung von dem zu gewinnen, was bei der Prüfung Johannas in Poitiers eigentlich vorging, und davon zu scheiden, was zeitgenössisches Mißverständnis unrichtig gedeutet oder volkstümliche Übertreibung entstellt oder die später emporschießende Legende wohl gar frei hinzugedichtet hat, wird es sich empfehlen von dem auszugehen, was an den damaligen Vorgängen als mithandelnde oder als Augen- oder Ohrenzeugen beteiligte Personen später darüber zu berichten wußten, und damit die nachmals allgemein rezipierte Darstellung zu vergleichen.

Glücklicherweise liegen in dem Rehabilitationsprozeß Aussagen auch von solchen Leuten vor, allerdings nur eine einzige von einem der Theologen, welche durch eingehende Gespräche mit der Jungfrau dem königlichen geheimen Rat das Material schaffen sollten, um über die Annahme oder Ablehnung des erstaunlichen Anerbietens des lothringischen Bauernmädchens zu entscheiden. Es ist das die des Predigermönchs Seguin Seguini, Professors der Theologie und zur Zeit seines

---

[1]) Morosini III S. 299: .... à l'éprouver de mille manières, à l'observer même dans les misères du corps et dans les paroles qu'elle adressait à ces gentils-hommes, et enfin par les grands maîtres de théologie.

[2]) Vgl. die Angabe des Perceval de Cagny (ed. Moravillers) S. 140: .... fut très grandement examinée des clercs et théologiens et autres et chevaliers et escuiers. Chronique de la Pucelle, Procès IV S. 211: .... le lendemain y allèrent plusieurs notables personnes tant des présidents et conseillers du parlement que d'autres de divers estats.

Verhörs Dekans der theologischen Fakultät der 1432 errichteten Universität zu Poitiers, eines Limousiners: dem damals Siebzigjährigen waren die Vorgänge, deren Teilnehmer er 1429 gewesen war, offenbar sehr lebendig im Gedächtnis geblieben — begreiflich genug, da er dabei die gelegentlich fast kecke Schlagfertigkeit Johannas auf seine Kosten sich hatte betätigen sehen müssen. Nach Seguins Bericht[1]) versammelte sich in dem einer Frau namens La Macée gehörigen Haus der königliche Rat unter dem Vorsitz des Erzbischofs von Reims und Kanzlers Regnauld von Chartres und beauftragte Seguin in Gemeinschaft mit einigen anderen Theologieprofessoren, Jean Lombart (oder Lombard), Guillaume Aimery, Kanonikus zu Poitiers, dem Baccalaureus der Theologie Guillaume Le Maire (oder Le Marié) und dem Dominikaner Pierre Turlure, der damals Generalinquisitor von Toulouse, später (1445—64) Bischof von Digne war, der in dem Rehabilitationsprozeß nicht vernommen worden ist, und einem Magister Jacques Maledon, im Namen des Königs, Johanna zu vernehmen und ihm über das Ergebnis Bericht zu erstatten.[2]) Die Herren suchten dieselbe im Hause „zur Rose" auf und legten ihr verschiedene Fragen vor, wobei Jean Lombart das Wort geführt zu haben scheint. In ihren Antworten wiederholte Johanna die bekannten Angaben über ihre Stimmen und Visionen und die ihr durch sie gewordenen himmlischen Befehle. Des Guillaume Aimery Einwand, wenn, wie sie behaupte, Gott Frankreich zu retten beschlossen habe, so bedürfe es dazu doch nicht erst der von ihr geforderten Mannschaften, parierte sie geschickt mit den Worten, man möge ihr nur die verlangten Krieger geben, den Sieg werde Gott dann schon geben. Daß auch hier wiederum, und zwar von dem Zeugen selbst an sie gestellte Verlangen, den himmlischen Ursprung ihrer Mission durch ein Zeichen zu erweisen, wies Johanna scharf zurück mit den Worten, sie sei nicht nach Poitiers gekommen, um

---

[1]) Procès III S. 203 ff.
[2]) Ebd.: . . . . ad referendum consilio regio, quid sibi de ea videretur.

Wunder zu tun, werde vielmehr die Wahrheit ihrer Angaben
durch die Befreiung von Orléans erweisen.[1]) Noch übler kam
Seguin mit der vorwitzigen Frage an, in welcher Sprache denn
die Stimmen zu ihr geredet hätten: in einer besseren, als er
sie rede, lautete die Antwort unter spöttischer Bezugnahme
auf den üblen Limousiner Dialekt des geistlichen Herrn. Jedenfalls hatte Johanna die Lacher auf ihrer Seite. Überhaupt
scheint das Unbehagen, das sie vor dem ihrer in Poitiers Wartenden empfunden hatte,[2]) bald von ihr gewichen zu sein und
sie die ihr in guten Stunden eigene heitere Freiheit des Auftretens wiedergefunden zu haben.[3]) Fast gewinnt man den
Eindruck, als sei sie den gelehrten Herren, die ihr Geheimnis
ergründen wollten, mit einer Art von siegesgewissem Übermut
entgegengetreten. Soll sie doch beim Erscheinen derselben in
dem zu deren Empfang bestimmten Raum sich unbefangen auf
das Ende einer Bank gesetzt haben wie neugierig der Dinge
harrend, die da kommen sollten.[4]) Im Besitz eines besonderen
göttlichen Auftrags fühlte sie sich den ihr mit allen möglichen
Fragen entgegentretenden königlichen Sendboten überlegen und
wußte zum Voraus, daß diese doch nicht alle die Geheimnisse
von ihr erfahren würden, die ihre Stimmen und Visionen ihr
anvertraut hatten, wie sie sich auch später ausdrücklich gerühmt hat viel mehr gewußt zu haben, als sie den Herren
gesagt.[5]) So schlägt sie denn auch gelegentlich gegen dieselben einen fast kecken Ton an, in ihrer Zuversicht bestärkt
durch die beflissen milde und freundliche Art, in der jene sie

---

[1]) Ebd. S. 204, vgl. Chronique de la Pucelle, ebd. S. 210 und Journal du siège p. 49.

[2]) Vgl. oben S. 24.

[3]) Das von France I S. 222 unter Bezugnahme auf Procès III S. 82 von Johannas Unruhe in Erwartung der Prüfenden Gesagte findet in der angeführten Stelle keine Bestätigung.

[4]) Chronique de la Pucelle, Procès IV S. 209.

[5]) Procès III S. 92: Alençon sagte aus, sie habe ihm erklärt „quod ipsa fuerat multum examinata, sed plura sciebat et poterat quam dixisset interrogantibus.

zum Reden zu bringen suchten[1]) — begreiflicherweise, denn diese mußten sich sagen, daß, wer vor einer Kommission stand, der der Großinquisitor von Toulouse angehörte,[2]) wohl Grund hatte befangen zu sein, möglichst wenig zu antworten und die Worte ängstlich zu wägen. Offenbar ging der Herren Absicht zunächst dahin, Johanna durch gütliches Zureden zu dem Eingeständnis zu vermögen, ihre Stimmen und Erscheinungen seien vielleicht doch nicht Wirklichkeit gewesen, sondern Erzeugnisse ihrer überreizten Phantasie. Denn daß, was sie erlebt haben wollte, unmöglich sei, durfte doch auch von ihnen niemand zu behaupten wagen. Ja, als gläubige Söhne der Kirche mußten sie die Möglichkeit solcher Vorgänge ohne weiteres zugeben, und mehr noch, als gute königlich gesinnte Männer, eifrige Franzosen und erbitterte Feinde der Engländer mußten sie wünschen, daß von Johannas erstaunlichen Angaben möglichst viel wahr sei. Unbefangen waren sie daher keineswegs. Dem scharfen Blick der lothringischen Bäuerin ist das sicherlich nicht entgangen, sondern wird von ihr, wenn auch nur sozusagen instinktiv, benutzt worden sein, um einen ihrer Sache möglichst günstigen Eindruck hervorzubringen. So möchte man es deuten, wenn sie später bei dem Erscheinen einer anderen Gruppe der sie zu prüfen Beauftragten einen in deren Gefolge befindlichen Knappen mit einem kameradschaftlichen Schlag auf die Schulter und dem Kompliment willkommen hieß, Leute von so gutem Willen, wie er ihn habe, wünsche sie noch mehr.[3]) Dergleichen Szenen, die den beabsichtigten Effekt nicht verfehlt haben werden, werden sich in der langen Reihe von Unterhaltungen, die Johanna damals über sich ergehen lassen mußte, wohl öfters wiederholt haben. Denn jener ersten Kommission, der Seguin angehörte, folgten noch zahl-

---

[1]) Chronique de la Pucelle, Procès III S. 209: . . . . par belles et douces raisons.

[2]) S. oben S. 32.

[3]) Aussage des Gobert Thibault, Procès III S. 74: venit obviam et percussit loquentem super spatulam eidem loquenti dicendo, quod bene vellet habere plures homines voluntatis loquentis.

reiche andere, und manche mögen, wenn auch in wechselnder Zusammensetzung, wiederholt in dem Hause „zur Rose" erschienen sein, um sich des ihnen gewordenen schwierigen und verantwortungsreichen Auftrags zu entledigen. Auch Rechtsgelehrte werden als daran beteiligt erwähnt.[1]

Daneben wurde ganz im Einklang mit den Vorstellungen, welche damals in dieser Hinsicht herrschten, auch die körperliche Untersuchung Johannas durch vornehme und angesehene Frauen wiederholt. Denn nur einer reinen Jungfrau konnte solche Gnade zu teil werden, wie sie erfahren zu haben behauptete. Nach Lothringen aber waren Boten geschickt, die in Domremy und Nachbarschaft über die Herkunft, die Familie, die Vergangenheit und den Ruf Johannas Erkundigungen einziehen sollten.[2] Schon dadurch wurde der Abschluß des Verfahrens in Poitiers verzögert und den Beauftragten des königlichen Rates reichlich Zeit zu gründlicher Erledigung ihres Mandates geschafft.

Viel herausgekommen aber kann dabei trotz alledem doch nicht sein. Denn naturgemäß nahmen all die Gespräche der Theologen mit der Jungfrau den gleichen Verlauf, wie die späteren Aussagen der Zeugen erkennen lassen, die wenigstens mittelbar nach den Erzählungen tätig daran Beteiligter davon Kunde haben konnten. Der königliche Parlamentsadvokat Jean Barbin wollte gehört haben,[3] Johanna habe auf die ihr vorgelegten Fragen so verständig geantwortet, als ob sie ein guter Kleriker wäre, so daß man sich allgemein darüber verwundert habe und überzeugt gewesen sei, das könne nur von Gott kommen, da sie in ihren bisherigen Verhältnissen die Fähigkeit dazu doch nicht erworben haben könne.[4]

---

[1] Procès III S. 19: Johannas Gastfreund Rabateau wird freilich nicht ausdrücklich als daran beteiligt bezeichnet.

[2] Procès III S. 83: et misit etiam in loco nativitatis ipsius Johannae ad sciendum unde orta.

[3] Procès III S. 82: . . . . audivit tunc ab eisdem doctoribus referri.

[4] Ebd.: „. . . . sibi fecerunt plures questiones, quibus multum prudenter respondebat, ac si fuisset unus bonus clericus, ita quod mirabantur

Unter den Männern des königlichen Vertrauens, die in jenen Tagen allgemeiner Spannung in dem Hause „zur Rose" fragend und hörend, beobachtend und sich berichten lassend, ein- und ausgingen, aber auch kein Bedenken trugen Unberufenen daselbst Zutritt zu gestatten, scheint Peter von Versailles eine hervorragende Stellung eingenommen und als besonders gewichtige Autorität gegolten zu haben. Auffallenderweise nennt gerade ihn Seguin nicht: von anderen Zeugen wird seiner achtungsvoll Erwähnung getan;[1]) doch ist er in dem Rehabilitationsprozeß nicht vernommen worden. Es scheint fast, als ob dieser Benediktiner von Saint-Denis damals die höchste theologische Autorität gewesen sei, über die der Hof verfügte. Hatte er sich doch bereits einen Namen gemacht als tapferer Gegner der Tyrannenmord-Theorie, durch die der Pariser Professor Jean Petit vor dem Konstanzer Konzil die Ermordung des Herzogs Ludwig von Orléans durch den Herzog Johann von Burgund (1407) als im Interesse des öffentlichen Wohls geschehen hatte rechtfertigen wollen. Im Jahr 1413 wurde er Abt von Thalmont im Sprengel des Bistums Luçon, später wurde er Abt von Saint-Martial in Limoges und 1432 Bischof von Digne (Dép. Basses-Alpes), nahm als Gesandter an dem Baseler Konzil teil, wo er eifrig für Eugen IV. wirkte, und wurde später mit einer Mission nach Konstantinopel betraut. Im Jahr 1441 gehörte er der glänzenden Gesandtschaft an, welche Eugen IV. die Obedienzerklärung Karls VII. überbrachte, und ist als Bischof von Meaux am 11. November 1466 gestorben. Er hatte bereits an der Prüfung Johannas in Chinon teilgenommen in Gemeinschaft mit des Königs Beichtvater Gérard Machet. Daß Peter von Versailles in Sachen der Jungfrau von besonderem Einfluß gewesen sein dürfte, und zwar einem deren Wünschen günstigen, möchte man nach einem Vorfall annehmen, den der wohlunterrichtete Jean Barbin erzählt. Als eines Tages in Loges die Menge sich begeistert um

---

ejus responcionibus et credebant, quod hoc erat divinitus, attenta ejus vita et conversatione.

[1]) Procès III S. 19, 74, 92 u. 102.

die Heldin drängte, jeder ihr Pferd berühren oder gar ihre
Füße küssen wollte, hielt Peter von Versailles Johanna gegenüber mit der Bemerkung nicht zurück, dergleichen zu dulden
sei übel angebracht, da es die Menschen zum Götzendienst ver-
leiten heiße. Die Antwort Johannas soll gelautet haben: „Wahr-
lich, ich würde mich vor dergleichen nicht bewahren können,
wenn Gott mich nicht davor bewahrte."[1]) Die Szene gibt einen
Beleg mehr für die auch sonst bezeugte Tatsache, daß die
Jungfrau sich ihrer Verdienste zu Zeiten sehr wohl bewußt
war, sich im Glanz ihrer Erfolge sonnte und Gefallen fand an
einem hoch und niedrig imponierenden Prunk: ein Zug weib-
licher Eitelkeit tritt da bei ihr an den Tag, der erkennen
läßt, daß die lothringische Hirtin für die Herrlichkeiten dieser
Welt doch keineswegs ganz unempfänglich war. Das weiße
Gewand, die glänzende Rüstung, die feuerigen Rosse und die
stattliche militärische Umgebung waren ihr gerade recht,[2])
vielleicht deshalb, weil dieser äußere Apparat nicht bloß die
Menge, sondern sie selbst über die bald eingetretene Bedeu-
tungslosigkeit ihrer Stellung hinwegtäuschte. Jedenfalls ist zu
bedauern, daß von den Unterhaltungen des gelehrten und ein-
flußreichen Peter von Versailles mit Johanna nähere Kunde
nicht auf uns gekommen ist. Zwar haben wir die Aussage
eines bei der ersten Anwesenden, des Gobert Thibault, eines
königlichen Schildträgers, der bei der Ankunft der Jungfrau

---

[1]) Ebd. III S. 84.
[2]) Anfangs in einfacher Tracht einhergehend (pauperibus vestibus
induta, Procès II S. 436), liebte sie später in prunkvoller Edelmannsklei-
dung zu erscheinen (France I S. 397), erhielt vom Herzog von Bretagne
zugleich mit seinem Glückwunsch zu ihren Erfolgen einen Dolch und
wertvolle Pferde geschenkt (Procès V S. 264); ihre Passion für letztere
erweist auch Vallet de Viriville, Histoire de Charles VII, III S. 146. Im
Gegensatz zu der Notlage der Familie d'Arc vor ihrem Auftreten ist
auch bemerkenswert, daß Johanna bald ein Haus in Orléans kaufen
konnte (Procès I S. 295 und France II S. 119): das mag freilich auch der
Betriebsamkeit ihrer Brüder zuzuschreiben sein, die auch anderweitig
bezeugt ist. Procès I S. 78 gibt sie den Wert ihres an ihre Brüder gekommenen Besitzes auf die für jene Zeit sehr beträchtliche Summe von
12000 Talern an.

in Chinon geweilt und den Hof nach Poitiers begleitet hatte und dort auf Befehl des königlichen Beichtvaters Gérard Machet Peter von Versailles auf seinem ersten Gange in das Haus „zur Rose" begleitete.[1]) Er war es, den Johanna wegen seines gute Gesinnung verratenden Aussehens vertraulich auf die Schulter schlug. Sich auf irgendwelche das theologische Gebiet streifenden Fragen einzulassen lehnte die zu Prüfende von vorneherein fast grob ab: so sicher sie im übrigen ihrer Sache war, wollte sie davon doch nichts wissen, wohl in dem Gefühl, daß da auch für sie Gefahren verborgen lägen, wie überall, wo der Großinquisitor mitzureden hatte. „Ich kenne weder A noch B", erklärte sie nach Gobert Thibault und verschanzte sich damit hinter ihrer Ungelehrtheit oder besser Unbildung. Damit traf sie vollkommen die Wahrheit, denn ihre Einfalt wird von allen Zeugen gleichmäßig bestätigt. Doch hinderte sie diese nicht den Herren gleich danach im Bewußtsein ihrer Mission eine Antwort zu geben, die eigentlich alle weiteren Verhandlungen als zwecklos ablehnte. Als die Besucher ihr mitteilten, sie seien vom König geschickt, um sie zu prüfen, erwiderte sie ihnen, die eben gehörten Worte aufnehmend, und sie sei von dem König des Himmels geschickt, und wiederholte dann einfach die sattsam bekannten Angaben über die ihr gewordenen Aufträge.[2]) Von derartigen Verhandlungen war für sie eben nichts zu erwarten: sie brannte danach endlich handeln zu können und hätte am liebsten schon jetzt, obgleich ihr die Mittel doch noch ganz fehlten, die ihren Worten hätten Nachdruck geben können, an die englischen Fürsten und Feldherren die feierliche Aufforderung gerichtet, Frankreich, das nicht für sie bestimmt sei, zu räumen und in ihr Land zurückzukehren. Dazu konnten die geistlichen Herren sich nicht verstehen, und so endete die erste Unterredung ohne Ergebnis.[3])

---

[1]) Procès III S. 74 ff.

[2]) Ebd. S. 204: tunc ipse de Versailles eidem Johannae dixit, quod ipsi erant missi ex parte regis .... respondit: Ego venio ex parte regis celorum.

[3]) Ebd.: .... nec aliud fecerunt .... ista die, de quo recordatur.

Aber auch die weiteren Gespräche, die Peter von Versailles mit Johanna hatte, können einen positiven Inhalt nicht gehabt haben, und seine Kollegen brachten nicht mehr zu Wege. Ob zu diesen in Poitiers wie früher in Chinon auch der königliche Beichtvater Gérard Machet gehört hat, ist zum mindesten zweifelhaft. Wenn Enea Silvio ihn dies tun läßt, so ist zu beachten, daß er nur im allgemeinen von Johannas Prüfungen spricht, nicht von zweien, die nacheinander an verschiedenen Orten stattfanden, und daß, wenn er von der zweiten Kunde hatte, er doch offenbar nur die erste im Auge hatte, die nach der Jungfrau Ankunft am Hofe stattfand.[1]) Von den Zeugen, die, sei es aus eigener Kenntnis, sei es nach Mitteilungen anderer Personen, von der Prüfung zu Poitiers berichten, nennt kein einziger Gérard Machet als daran beteiligt. Er ist dabei also wohl nicht tätig gewesen: die Zeugen, die neben Peter von Versailles und anderen namhafteren Mitgliedern der von dem königlichen Rat bestellten Kommission auch noch den einen und den andern sonst nicht bekannten Theologen anführen,[2]) würden eine so bedeutende Persönlichkeit doch kaum übergangen haben, zumal sie auch weiterhin eine hervorragende Rolle gespielt hat. Ein Zögling des Collège de Navarre zu Paris und Schüler Gersons gehörte Machet früh zu den Zierden der Pariser Universität, als deren Vizekanzler er bereits 1416 Kaiser Sigismund bei seinem Besuche in der Hauptstadt mit feierlicher Ansprache begrüßte, wurde aber durch die Umwälzung 1418 ebenso wie viele seiner Kollegen zur Flucht genötigt. Als Gewissensrat Karls VII. hat er jedenfalls auch in politischen Dingen Einfluß geübt, im einzelnen nachweisbar ist derselbe aber nicht, auch nicht in bezug auf die Pragmatische Sanktion von 1438, für deren Urheber er manchen galt. Im Jahre 1448 ist er als Bischof von Castres gestorben. War

---

[1]) Procès IV S. 509: Delphinus . . . . Castrensi episcopo, confessori suo, inter theologos apprime docto, Puellam examinandam committit.

[2]) Wie den Karmeliter Pierre Seguin, den Kanonikus von Poitiers Guillaume Le Maire oder Le Marié, Jacques Madelon u. a.: France I S. 217, Procès V S. 471 ff.

er, wie es scheint, an dem Verfahren von Poitiers nicht beteiligt, so wird man daraus doch nichts in bezug auf seine Stellung zur Jungfrau folgern dürfen, namentlich nicht, wie versucht ist, eine geheime Begünstigung derselben oder gar eine Art von geheimem Zusammenwirken beider.

III.

Abgesehen von einigen aus dem Zusammenhang gerissenen Bruchstücken wissen wir demnach von dem Inhalt der von den prüfenden Herren mit Johanna geführten Gespräche nichts. Mannigfaltig und tief kann derselbe nicht gewesen sein. Denn wenn man absieht von dem, was im Einklang mit den zu Donremy angestellten Ermittelungen über ihre Herkunft, ihre bisherige Tätigkeit und ihren Wandel etwa noch zu konstatieren war, und von den an sie gerichteten Fragen, die ihre Rechtgläubigkeit und Kirchlichkeit betrafen, waren eigentlich kaum Gegenstände vorhanden, die zwischen Johanna und den mit ihrer Prüfung beauftragten Theologen mit Gründen für und wider hätten erörtert werden können. Vielmehr schlossen gerade die Punkte, um die es sich in dieser Sache vornehmlich handelte, eine solche Diskussion geradezu aus: da stand Behauptung gegen Behauptung und Meinung gegen Meinung, und erst die weitere Entwicklung der Dinge konnte entscheiden, wer recht hatte. Wie die Prüfenden völlig außer stande waren irgend etwas an Johanna zu entdecken, was diese unglaubwürdig gemacht hätte, so vermochte diese ihrerseits nicht, die Wahrheit der Angaben über ihre Stimmen und Erscheinungen zu beweisen. Das von ihr Behauptete aber als unmöglich zu bezeichnen fiel doch niemandem ein, wäre auch gefährlich gewesen, da man sich damit eines Verstoßes gegen den Glauben der Kirche schuldig gemacht hätte. War anfangs, wie es scheint, die Absicht der Prüfenden dahin gegangen, durch freundliche Vorstellungen und gütliches Zureden Johanna, die man eines Betruges füglich nicht für fähig halten konnte, zu dem Eingeständnis zu bringen, daß sie sich getäuscht habe und daß, was sie gesehen und gehört zu haben glaubte, von ihr nicht wirklich gesehen und gehört worden, sondern Vorspiegelungen ihrer überreizten Phantasie gewesen sei, so erwies sich das bald als unmöglich. Denn die Aussagen Johannas boten in dieser Richtung keinen Angriffspunkt, enthielten keine Widersprüche und schwankten und variierten nicht. Also mußte an ihren Behauptungen doch etwas Wahres sein — so argumentierten die sie Prüfenden, auf deren Entscheidung freilich sicher auch die Erwägung einwirkte, daß dem König in seiner dermaligen verzweifelten Lage ein anderes Mittel zur Rettung überhaupt nicht zur Verfügung stand, er vielmehr, wenn er es nicht mit der lothringischen Bäuerin wagen wollte, nichts anderes tun konnte als die Fluchtreise nach La Rochelle fortsetzen und sich dort nach Schottland einschiffen. Es war also schließlich eigentlich die Beharrlichkeit Johannas, die für sie entschied, ihre bei aller Einfalt imponierende Überzeugungstreue, was die Bedenken zum Schweigen brachte, wie denn auch von einigen Berichterstattern gerade dieses Moment als ausschlaggebend hervorgehoben wird.[1]) Auf das Beharren bei der einmal gemachten Aussage, das unentwegte Festhalten einer einmal ausgesprochenen Ansicht legte ja das kirchliche Gerichtsverfahren des Mittelalters im Guten wie im Bösen entscheidendes Gewicht: dieses Beharren und nicht eigentlich die von ihnen vertretene irrige Lehre wurde den Ketzern verderblich. Johanna gereichte sie zum Heil, denn sie war in den Augen der Prüfenden die einzige Bürgschaft für die Wahrheit heit ihrer Angaben. Denn sich durch ein Zeichen als von Gott gesandt zu erweisen, wie ihr auch hier mehrfach zugemutet wurde, lehnte die Jungfrau nach wie vor ab: sie blieb dabei, daß als solches die Befreiung von Orléans erfolgen werde.

Das legt die Frage nahe, ob denn in Poitiers nichts davon bekannt war, daß bereits in Chinon die angebliche Vorhersagung der „Häringsschlacht" noch in Vaucouleurs als Beglaubigung für sie geltend gemacht worden war. Ebensowenig

---

[1]) Procès III S. 20: . . . . quae interrogata ab eis perseverabat in ista responsione, scilicet quod missa erat ex parte Dei usw. Vgl. den Greffier von La Rochelle bei Ayroles III S. 202.

hat man in Poitiers Bezug genommen auf das nachmals so ganz besonders nachdrücklich geltend gemachte Wunder, das sie getan haben sollte, indem sie dem König den Inhalt eines geheimen Gebetes mitteilte. Daß von dem letzteren nur aus Rücksicht auf Karl VII. geschwiegen sein sollte, ist doch nur eine dürftige Ausflucht. Die Sache erklärt sich viel einfacher: von beiden Wundern wußte man damals noch nichts, denn sie sind erst mit der Entstehung der Jeanne d'Arc-Legende in die Tradition eingeführt worden.

Da nun die mit der Prüfung Johannas betrauten Herren nach Lage der Dinge nur den Wunsch haben konnten zu einem günstigen Ergebnis zu kommen, so fanden sie mühelos auch noch andere Argumente, die ihnen das erleichterten. Liefen im Lande nicht allerlei angebliche Prophezeiungen um, deren bisher vergeblich gesuchte Deutung sich nun gewissermaßen von selbst ergab? So erinnerte Magister Jean Erault an jene Marie von Avignon, die zu Anfang des fünfzehnten Jahrhunderts durch ihre Visionen Aufsehen erregt hatte: sie wollte gewaltige Heeresmassen erblickt haben, die Frankreich dereinst verwüsten würden, bis eine Jungfrau in Waffen erscheinen und das Land befreien würde.[1]) Diese konnte nun in der Lothringerin gekommen sein. Für diese wurden auch sonst noch ähnliche, bisher unbeachtet gebliebene Vorhersagungen geltend gemacht, die man durch sie in Erfüllung gehen zu sehen erwartete. Sollte doch auch des Königs Beichtvater Gérard Machet dergleichen in alten Schriften gefunden haben und daraufhin für Johanna eingetreten sein.[2]) Daß dadurch nicht bloß der Ruf derselben weithin verbreitet, sondern auch der Glaube an sie vielfach gestärkt wurde, ist selbstverständlich.

Es werden immerhin vierzehn Tage vergangen sein, ehe

---

[1]) Procès III S. 83/84; vgl. France I S. 226.

[2]) Ebd. S. 75: Ein Zeuge „audivit dici dicto defuncto confessori quod viderat in scriptis, quod debebat venire quedam puella, que debebat juvare regnum Francie usw."; vgl. im allgemeinen über diese nun plötzlich zu hoher Bedeutung gelangten Prophezeiungen France I S. 197 ff.

man mit diesen ziemlich formlosen und eigentlich auch ziemlich inhaltlosen Verhandlungen zum Schluß kam, während deren das Haus „zur Rose" das Ziel zahlreicher Neugieriger hohen und niedrigen Standes war. Die prüfenden Herren aber waren nicht wesentlich klüger als zu Anfang, während die Popularität Johannas mächtig zugenommen und ihre Sache ungeahnte Bedeutung gewonnen hatte: die öffentliche Meinung nahm entschieden ihre Partei. Auch damit mußte man rechnen: mit Argumenten aus der heiligen Schrift, Zitaten aus den Kirchenvätern und Distinktionen des kanonischen Rechts war da nichts mehr zu machen. Vielmehr handelte es sich um eine Vertrauensfrage, die man zu bejahen wagen konnte, da kein Anhalt dafür gefunden war, daß die Lothringerin sich bewußt einer Täuschung schuldig machte oder irgendwie mit den Mächten der Finsternis in Verbindung stand. Das Eine war so wenig wie das Andere erwiesen. Der gute Leumund, den sie in ihrer Heimat genoß, ihre durch alle ihr entgegengebrachten Zweifel und durch das entmutigende Verschleppen der ersehnten Entscheidung nicht gebeugte Zuversicht, die eigentümliche Mischung von kindlicher Einfalt und ländlicher Unschuld mit kriegerischem Heldentum und einem gewissen prophetischen Anhauch, die ihrem halb geheimnisvollen, halb naturwüchsigen Wesen einen unwiderstehlichen Reiz verlieh und auch die ihr zunächst zweifelnd Nahenden bekehrte, die an sie Glaubenden zu Tränen rührte und ihr immer mehr neue Anhänger gewann, sprachen zu deutlich für sie[1]) und erweckten auch in den ihr prüfend gegenübergetretenen gelehrten Herren angesichts der verzweifelten Lage des Reichs zu freudige Hoffnungen, als daß sie es hätten verantworten mögen ihr die Gelegenheit zur Bewährung ihrer so unerschütterlich zuversichtlichen Worte kurzerhand zu versagen.

---

[1]) Vgl. die beredte Schilderung von der unwiderstehlichen Einwirkung Johannas auf die ihr Nahenden in der Chronique de la Pucelle, Procès IV S. 211. Dieser Massenbesuch fand danach freilich erst statt, als die Entscheidung zu Gunsten Johannas ausgefallen war und ruchbar wurde.

Schlimmer als augenblicklich konnte es auch, wenn sie scheitern sollte, um den König und das Reich nicht stehen. Warum sollte man es also nicht mit ihr versuchen?

Schließlich traten denn die mit der Prüfung beauftragten Theologen und Juristen zusammen, um auf Grund der im Verkehr mit Johanna gemachten Beobachtungen und der dabei empfangenen Eindrücke das vor dem königlichen Rat abzugebende und von diesem mit seiner eigenen Meinungsäußerung dem König vorzulegende Gutachten festzustellen. Wie es ausfallen würde, konnte kaum noch zweifelhaft sein. Hatte man die Behauptungen des geheimnisvollen Mädchens über die ihr gewordenen überirdischen Eröffnungen als wesenlose Hirngespinste zu erweisen nicht vermocht und mußte sie daher notgedrungen gelten lassen, während auf der anderen Seite diese sich hartnäckig geweigert hatte, das zum Erweis ihrer Angaben von ihr geforderte Zeichen zu geben, so war doch zweifellos dargetan, daß an ihr kein Makel war, und danach ließ sich angesichts ihrer erwiesenen besonderen Frömmigkeit nach den Anschauungen der Zeit doch nicht in Abrede stellen, daß sie wohl geeignet sei von Gott als Werkzeug der von ihm beschlossenen Rettung Frankreichs benutzt zu werden. Demnach mußte auch, was sie zu leisten versprach, als möglich zugegeben werden und es lag kein Grund vor, weshalb man es unter Beobachtung gewisser Vorsichtsmaßregeln nicht mit ihr wagen sollte.[1]) So scheinen die Herren sich denn schnell geeinigt zu haben und mühelos zu dem einstimmigen Beschluß gelangt zu sein,[2]) zumal, wie es scheint, gerade bei dieser Gelegenheit Magister Erault durch die Erinnerung an die Prophezeiungen der Marie von Avignon ein Gewicht zu Gunsten Johannas in die Wagschale legte. Dieses Gutachten wurde dann durch einen der geistlichen Herren — welchen, wissen wir nicht — dem zu einer Sitzung versammelten königlichen Rat vorgelegt und von ihm zum Gegenstand eingehender Er-

---

[1]) Vgl. Procès III S. 83.
[2]) Chronique de la Pucelle, Procès IV S. 410: „conclurent sans aucune contradiction". Journal du siège S. 49: fut conclus de tous.

örterungen gemacht, nachdem auch die Königin von Sizilien der Versammlung über das Ergebnis der erneuten körperlichen Untersuchung Johannas Bericht erstattet hatte.[1]

Von dem Inhalt der auf Grund dieses Materials gepflogenen Erörterungen im Schoß des königlichen Rates haben wir keine Kenntnis, obgleich die Aussagen von zwei ihnen beiwohnenden Männern, allerdings weltlichen Standes und ohne gelehrte Bildung, vorliegen, des Herzogs von Alençon[2] und des Jean d'Aulon, der in der Folge vom König zum Vorsteher des der Jungfrau beigegebenen kleinen militärischen Hofstaats bestellt wurde.[3] Wohl aber besitzen wir das dem König überreichte Gutachten, auf welches der Rat — wie es scheint, ebenfalls ohne besondere Schwierigkeit — sich einigte, wenn auch vielleicht nicht in seiner originalen Form, sondern in einer gekürzten, aber offiziösen Fassung, in die es alsbald für die Kundgebung gebracht wurde, durch die Karl VII. die so unverhofft eingetretene Wendung den noch zu ihm stehenden Franzosen mitzuteilen eilte. Da diese auch in den Nachbarländern Verbreitung fand, begegnen wir ihren Spuren nicht bloß in bestimmten, den Kern der Sache betreffenden Wendungen vieler französischer Berichte über das Auftreten der Jungfrau, sondern auch in den Angaben, die außerhalb Frankreichs entstandene Quellen darüber machen. Das Aktenstück, das gewissermaßen die staatlich genehmigte Grundlage bildet für die nun bald üppig emporwuchernde Legende der Jungfrau von Orléans, ist in mehr als einer Hinsicht höchst charakteristisch und lehrreich, nicht bloß für das Denken der an der Sache zunächst beteiligten Kreise, sondern auch für das späterer Generationen durch das, was diese daraus gemacht, d. h. heraus- oder eigentlich hineingelesen haben.

Wenn Quicherat das betreffende Aktenstück nach dem Vorgang von Buchon als einen Auszug aus dem Gutachten

---

[1] So nach der Aussage des bei der Beratung gegenwärtigen Jean d'Aulon Procès III S. 209: .... quant iceulx maistres firent leur rapport par lequel fut par l'un d'eux tout publiquement usw.

[2] Procès III S. 93.   [3] Ebd. S. 209.

der zu Poitiers mit der Prüfung Johannas beauftragten Theologen veröffentlichte,[1]) so ist diese Bezeichnung unzutreffend: der Fassung nach und nach den uns anderwärts begegnenden Anführungen daraus,[2]) sowie nach seinem sachlichen Inhalt kann es vielmehr nur eine verkürzte Wiedergabe des Gutachtens sein, das auf Grund jener theologischen Äußerung der königliche Rat abgab und Karl VII. als Grundlage für den von ihm zu fassenden Beschluß überreichte. Wird darin doch ausdrücklich Bezug genommen auf die nun schon seit sechs Wochen stattgehabte Prüfung, Beobachtung und Untersuchung Johannas.[3]) Es ist also nach Mitte April entstanden. Dazu stimmt auch die Art, wie dieser Teil des Verfahrens eingeleitet worden war: denn nicht der König, sondern der königliche Rat hatte die Theologen mit der Abgabe eines Gutachtens beauftragt, das diese daher auch, wie ausdrücklich bezeugt ist, an ihn richteten, dessen Sache es dann war, es an den König gelangen zu lassen in Gestalt des von ihm daraufhin zu überreichenden Vorschlags für die zu treffende Entscheidung. Ferner aber gibt das von Quicherat wiederabgedruckte Stück nur einen Teil des von dem königlichen Rat an Karl VII. erstatteten Berichtes wieder: andere Teile davon sind uns an anderen Stellen erhalten. Also ist dasselbe auch nicht identisch mit dem offiziösen Bericht, den die Regierung zur Rechtfertigung des von ihr eingeschlagenen Verfahrens damals verbreiten ließ, sondern stellt nur eine zu irgendwelchem besonderen Zweck vorgenommene Überarbeitung desselben dar, in die bloß das Aufnahme gefunden hat, was ihrem Urheber besonders bemerkenswert erschien. Die in andere Quellen übergegangenen, hier weggelassenen Teile aber passen damit nach Form und Inhalt vollkommen zusammen, sodaß eine Rekonstruktion des Ganzen keine Schwierigkeit hat.

---

[1]) Procès III S. 391/92.

[2]) Wie in der Chronik von Tournai, Collection de chroniques de Flandre III S. 406 und Eberhard Windecke, Procès IV S. 487 ff.

[3]) Procès III S. 392: Le roy .... l'a fait garder avec luy bien par l'espace de six sepmaines.

Während die Benutzer jener amtlichen Publikation das, was den sachlichen Kern der Äußerung des königlichen Rates ausmachte, fast wörtlich übernommen haben, haben sie dieselbe redigiert, indem sie die darin gegebenen weiteren Ausführungen entweder kürzend zusammenfaßten oder ganz wegließen, außerdem aber die Brieform fallen ließen und von dem da als Adressat angeredeten König in der dritten Person sprachen. In seiner originalen Fassung jedoch ist der Eingang der Denkschrift des königlichen Rates durch die Vermittelung einer flanderischen Chronik, die in Tournai entstand, auf uns gekommen samt den sonst ebenfalls nirgends reproduzierten allgemeinen Erwägungen, von denen die hohe Körperschaft bei Erledigung des ihr gewordenen Auftrags ausging. Da heißt es[1]: „Très cher Sire, à matière qu'il vous pleu nous déclarer et mettre en conseil, passent entendement humain et ne est qui sceust jugier ne affermer, car les oëvres du seul souverain seigneur diversifient et sont inscrutables" — also ein Hinweis auf die Schwierigkeit der vorliegenden Frage, die über menschliches Verständnis hinausgeht, dann aber auch gleich ein solcher auf die unendliche Mannigfaltigkeit der Gott möglichen Wege zur Verwirklichung seiner Ratschlüsse, die für Menschen unerforschlich sind. Dann heißt es, wohl in wörtlicher Wiedergabe des vom Rat an den König gerichteten Schreibens oder doch der der Öffentlichkeit übergebenen Fassung desselben weiter: „Mais entendu la nécessité de vostre digne et excellente personne, veu aussi celle de vostre royaulme et considéré les continues prières de vostre peuple espérant en Dieu et de touts autres amants paix et justice et mesmement ramené que on ne seet la volonté du dit seigneur, il nous semble estre bon non rejetter et de refuser la Pucelle, qui dit estre envoiée de Dieu pour vostre secours et ayde, non obstant que ses promesses soient soupz (lies seules) oëvres humaines. Mais point ne disons ne entendons que legièrement créez en elle. Car le dyable est insatiable... et able tendant

---

[1] Collection de chroniques de Flandre III S. 406.

tous tirer à luy. Et pour ce est juste et raisonnable, que selon la sainte écriture la fachiez prouver par deux manières .." Dieser höchst charakteristische Passus aus der Denkschrift des königlichen Rates findet sich sonst nirgends in gleicher Ausführlichkeit wiedergegeben. Die beiden dieselbe als selbständiges Stück überliefernden Handschriften, die von Buchon und Quicherat benutzte sowohl wie die des Régistre Delphinal des Matthieu Thomassin zu Grenoble,[1]) enthalten diesen einleitenden Teil nicht, sondern setzen erst mit dem folgenden, sachlich entscheidenden Abschnitt ein. Dieser ist denn auch noch von mehreren anderen Quellen ziemlich wortgetreu übernommen, während andere sich damit begnügen zur Begründung des nachher dem König empfohlenen Beschlusses das Ergebnis der Beratungen der prüfenden Theologen anzuführen, die Johanna nichts übles nachzuweisen vermochten, sondern alles an ihr Ehrbarkeit, Frömmigkeit und Rechtgläubigkeit fanden, daher kein Hindernis sahen sie im Dienst des bedrängten Reichs zu verwenden. Auf den Rat der Theologen geht aber wohl auch zurück, was dem König weiterhin in Betreff des zwiefachen Verfahrens empfohlen wird, das er, da Vorsicht unter allen Umständen geboten sei, bei der Zulassung der Jungfrau zur Leistung der von ihr angebotenen Hilfe beobachten soll. Karl möge, so wird ihm geraten, die Jungfrau, die von Gott geschickt zu sein behaupte, nicht unbedacht von sich stoßen, obgleich ihre Versprechungen doch nur Menschenwerk verheißen. Denn daß so: „non obstant que ses promesses soient seules oeuvres humaines" zu lesen ist, beweist die Übersetzung der betreffenden Stelle bei Eberhard Windecke[2]): „wenngleich ihre Versprechen menschlich sind", und Abschreiber und Erklärer haben an dieser einen durchaus richtigen Sinn gebenden Fassung mit Unrecht Anstoß genommen.[3]) Obgleich die

---

[1]) Vgl. Procès IV S. 306; ausführlich, aber in einer sehr willkürlich und fragwürdig zurechtgemachten Gestalt bietet die von Thomassin überlieferte Form Ayroles, a. a. O. S. 685—86; vgl. S. 14/15.

[2]) Procès IV S. 487.

[3]) Vgl. Procès III S. 391 die Anmerkung Quicherats. Ayroles I

Jungfrau bloß menschliche Leistungen in Aussicht stellt, soll
sie nicht übereilt abgewiesen werden, denn auch durch Menschen — so ist der Gedankengang — kann Gott helfen. Andererseits aber, so wird weiter geraten, möge der König der
Jungfrau auch nicht überall Glauben schenken, sondern sie
nach dem Wort der heiligen Schrift prüfen, zunächst durch
Erkundung ihres Wandels, ihrer Sitten und ihrer Gesinnung
und dann, indem er in inbrünstigem Gebet von Gott ein Zeichen erflehe, das erkennen lasse, ob sie wirklich von Gott gesandt ist. Der ersten Forderung ist nach der Meinung des
königlichen Rates und der hinter ihm stehenden theologischen
Autoritäten bereits durch das genügt worden, was auf Anordnung des Königs zum Zweck der Prüfung der Jungfrau bisher geschehen ist. Dabei sei nicht Übles an ihr gefunden
worden, sondern nur Güte, Demut, Jungfräulichkeit, Frömmigkeit, und Ehrenhaftigkeit und Einfalt, wie man auch von ihrer
Geburt und ihrem Leben nur das Beste erfahren habe. Was
die zweite Art der für geboten erachteten Prüfung angehe,
fuhr das Gutachten des königlichen Rates fort, so habe der
König von der Jungfrau ein sie beglaubigendes Zeichen gefordert, sie aber darauf erklärt, vor Orléans und sonst nirgends werde sie es geben, denn so habe ihr Gott befohlen.
So kommt der königliche Rat zum Schluß: nachdem der König die vom Standpunkt der weltlichen Klugheit aus gebotene
Prüfung mit bestem Erfolge vorgenommen und Johanna das
geforderte Zeichen für Orléans zugesagt habe, sei angesichts
von deren ausdauernder Standhaftigkeit in ihren Reden und
Forderungen nicht angezeigt, sie an dem Zuge nach Orléans
zu hindern, vielmehr möge der König sie mit den erbetenen
Gewaffneten gebührend dorthin geleiten lassen: denn an ihr
zweifeln und sie zurückweisen, ohne auch nur den Schein des
Bösen gegen sie zu haben, heiße dem heiligen Geist wider-

S. 14/15 macht in der von ihm auch sonst beliebten Manier („après
qu'on a suppléé ce qui est nécessaire pour en rendre la lecture courante") daraus gar: „pardessus oeuvres humaines", also gerade das Gegenteil von dem, was da steht.

streben und sich der göttlichen Hilfe unwürdig machen, wie Gamaliel sagte in einem Rat der Juden im Hinblick auf die Apostel.

Man wird nicht sagen können, daß diese Denkschrift besondere geistige oder moralische Qualitäten bei ihren Urhebern erkennen ließe, vielmehr spiegelt sie deutlich die Verlegenheit wider, in der dieselben sich äußerlich und innerlich befanden — äußerlich insofern als irgend ein anderer Ausweg aus der heillosen Bedrängnis, die den Untergang des französischen Staates und Volkes in drohende Nähe rückte, nicht zu finden war und sie demgemäß wohl oder übel diesen einzigen, der sich darbot, betreten mußten; innerlich insofern, als sie gegenüber allen den Momenten, die für die Lothringerin sprachen, doch die quälende Sorge nicht los werden konnten, es stecke hinter derselben am Ende doch irgend ein böses Geheimnis, das einen üblen Ausgang befürchten lasse. Der von seinen Räten dem König empfohlene Weg stellt doch nur ein sehr notdürftiges, mehr scheinbares als wirkliches Kompromiß dar zwischen ihrer und ihrer Auftraggeber Hilflosigkeit auf der einen Seite und auf der anderen beider Scheu vor den möglichen Folgen des zu tuenden Schritts, gegen die sie sich von vorneherein nach Möglichkeit zu sichern suchten. Das ist auch weiterhin die Signatur geblieben für das Verhältnis des offiziellen Frankreich zu der ihm von der Not aufgedrungenen, aber von ihm niemals mit offenem und freudigem Vertrauen aufgenommenen Retterin. Darin lagen bereits dem Keime nach alle die Schwierigkeiten, welche der Jungfrau die Erfüllung ihrer himmlischen Aufträge je länger je mehr unmöglich machten, das Mißtrauen und die Entfremdung erzeugten, welche zu der schließlichen Katastrophe der Heldin führten. Man geht wohl nicht fehl mit der Annahme, der auf das Gutachten der prüfenden Theologen gegründete Vorschlag des königlichen Rates sei von der anderen Seite her bereits beeinflußt gewesen durch den Druck der öffentlichen Meinung, die auf die sich rasch weithin verbreitende Kunde von dem Auftreten des wunderbaren Mädchens immer entschiedener für dieses Partei nahm, wie das zunächst in Poitiers selbst stark zum Ausdruck gekommen war, wo man mit Johanna bereits eine Art von Kultus zu treiben angefangen hatte[1]): man wallfahrtete förmlich zu ihr nach dem Haus „zur Rose" und erwies ihr unter allgemeiner Rührung seine Verehrung als der Sendbotin Gottes. Sollte man eine solche Stimmung ungenutzt lassen? Je mehr sie gesteigert und je weiter sie verbreitet wurde, um so günstiger gestalteten sich die Aussichten für das Unternehmen, zu dem Johanna sich erbot, um so mehr ließ sich sein Gelingen hoffen.

III. Der Zug nach Orléans.

Um das üppig wuchernde Gestrüpp der Legende, welches in Frankreich, ursprünglich aus politischen, dann aber auch aus kirchlichen Gründen geflissentlich großgezogen, neuerdings aus verwandten Motiven von klerikaler und royalistischer Seite planmäßig gefördert, die geschichtliche Gestalt Jeanne d'Arcs immer mehr umzieht und allmählich zu völliger Unkenntlichkeit zu entstellen droht, einigermaßen zu lichten und die Gefahr völliger Verdunklung abzuwenden, welche auch die Ergebnisse der noch unbefangenen älteren Forschung vergessen machen möchte,[2]) wird es auch heute noch vor allem darauf ankommen, mit nüchterner Kritik, frei von jeder nationalen, politischen oder kirchlichen Voreingenommenheit möglichst genau festzustellen, was wir denn eigentlich von den Taten der Jungfrau durch einwandfreie Zeugen beglaubigt als wirklich geschehen gelten zu lassen, als historisch anzuerkennen haben.

Bedenkt man nämlich, daß der Rehabilitationsprozeß, welcher das Unrecht, das in dem zu Rouen geführten fanati-

---

[1]) Chronique de la Pucelle, Procès IV S. 211.
[2]) Vgl. die heftigen, bis zu Schimpfworten gesteigerten Angriffe, die von klerikaler Seite gegen Forscher wie Quicherat, H. Martin, Siméon Luce u. A. gerichtet worden sind, weil sie der Legende gegenüber der geschichtlichen Wahrheit zu ihrem Recht verhelfen wollten, wie namentlich von P. de Langogne, Jeanne d'Arc devant la Congrégation des Rites (Paris 1894) S. 9—10, 47 ff., 73—74 u. 107 ff.

scher nationaler Haß begangen hatte, gut machen sollte, nahezu ein Menschenalter nach jenem in Szene gesetzt wurde, und erwägt, daß er von Anfang an auf ein bestimmtes Ergebnis und zwar auf ein dem zu Rouen erstrebten und erreichten diametral entgegengesetztes angelegt war, also genau wie jener, ja vielleicht in noch höherem Maße ein Tendenzprozeß war, der eine gewisse, für die nächst interessierten Kreise längst feststehende These als richtig erweisen und alle aus ihr gezogenen praktischen Konsequenzen als berechtigt dartun sollte, so wird man den Aussagen der darin produzierten Zeugen von vorneherein ein gewisses Mißtrauen entgegenbringen. Denn selbst wenn diese Leute sich der leitenden Absicht nicht bewußt und sie zu fördern nicht bestrebt waren, so standen sie doch unter dem Bann der inzwischen ausgebildeten Legende und konnten daher, was sie einst gesehn und gehört hatten, nur mit der dadurch bedingten Voreingenommenheit sich in das Gedächtnis zurückrufen. In den seit ihrem Tod zu Saint-Ouen verflossenen Jahren war Jeanne d'Arc noch in einem ganz andern Sinn zur Gesandtin Gottes geworden, als sie das selbst wenigstens im Beginn ihrer Laufbahn zu sein behauptet hatte, wo sie noch gewissermaßen das Naturkind und von dem sie nachher immer höher schraubenden Einfluß des sich um sie sammelnden Stabes schwärmerischer Priester und eifernder Mönche unabhängiger war. Infolgedessen waren auch ganz einfache Worte, welche, als sie sie aussprach, jeder bewußten Beziehung auf ihren himmlischen Beruf entbehrt hatten, entsprechend aus- und umgedeutet worden. Belege dafür finden wir auf Schritt und Tritt. Aus der zu Vaucouleurs gegen Robert de Baudricourt ausgesprochenen Befürchtung, die Verzögerung des Zugs nach Orléans werde der Sache des Königs noch neue schwere Verluste bereiten, war eine Vision geworden, vermöge deren Jeanne d'Arc die für die Franzosen so nachteilige „Häringsschlacht", während sie stattfand, verkündigt haben sollte.[1]) Daß in dem Brief, durch den sie von

---

[1]) Procès V S. 125, 128, 206, 208. Vgl. Prutz, Studien zur Geschichte

Sainte Cathérine-de-Fierbois aus Karl VII. um die Erlaubnis bat vor ihm in Chinon zu erscheinen, auf die 150 Meilen hingewiesen war, welche sie, um zu ihm zu gelangen, durchmessen hätte, hatte das Motiv abgegeben für die breitere Ausmalung der Fährlichkeiten, denen sie sich mit ihren Begleitern auf dem Ritt von Vaucouleurs her ausgesetzt gesehn hatte, und die in demselben Schreiben ausgesprochene Zuversicht, sie werde den König, obgleich sie ihn noch nie gesehn, doch alsbald inmitten aller seiner Höflinge erkennen, hatte sich zu der Angabe verdichtet, sie habe denselben mehrfachen Täuschungsversuchen zum Trotz wirklich sofort herausgefunden und geziemend begrüßt.[1]) Und auch sonst noch läßt sich der Ursprung später breit ausgemalter legendärer Züge in ähnlicher Weise nachweisen.

Angesichts einer so stark mit Zu- und Umdichtungen durchsetzten Überlieferung muß die Forschung versuchen, wenigstens einzelne Vorgänge auf Grund der leider nur in geringer Zahl vorliegenden Aussagen von Personen, die ihnen, als sie sich zutrugen, unbefangen gegenüberstanden, so zu rekonstruieren, wie sie sich dereinst abgespielt haben, indem sie sie aus der Hülle späterer Zutaten in ihrem ursprünglichen, im Rahmen der Alltäglichkeit gebliebenen und jedenfalls nicht in die Sphäre des Wunders und des Überirdischen hinaufreichenden Verlauf gleichsam herausschält. An den Mitteln dazu fehlt es nicht ganz. Es sind in erster Linie die Aussagen derjenigen in dem Rehabilitationsprozeß vernommenen Zeugen, die Jeanne d'Arc zu Anfang ihrer Laufbahn nahekamen, ihr Auftreten nicht ohne Verwunderung beobachteten, aber die ihnen dabei aufsteigenden Zweifel aus Rücksicht auf die außerordentliche Lage unterdrückten, den überraschenden Fortgang unparteiisch verfolgten oder wohl gar mit handelnd daran teilnahmen und so erst durch die Erfolge der Heldin

---

der Jungfrau von Orléans in diesen Sitzungsberichten 1913 Abhandl. 2 S. 90—91.

[1]) Vgl. Prutz, Die Briefe Jeanne d'Arcs ebendas. 1914 Abhandl. 1 S. 9—10.

recht Glauben zu schenken bestimmt wurden. Schon früher habe ich darauf hingewiesen,[1]) wie gerade die Männer, die Jeanne d'Arc während des ersten, aufsteigenden Teils ihrer Laufbahn nahekamen und eigentlich militärisch das leisteten, was nachmals vermöge der in ihr wirkenden überirdischen Kräfte die Jungfrau geleistet haben sollte, in ihr zwar eine außerordentliche Erscheinung sahen, aber doch nicht eine Wundertäterin, deren Wirken außerhalb des sonst für das menschliche Handeln geltenden natürlichen Kausalnexus gestanden hätte. Der Bastard von Orléans, Johannas Kampfgenosse während der denkwürdigen Tage von Orléans, machte kein Hehl daraus, daß er anfangs an ihre Worte doch nicht recht habe glauben wollen und erst nach ihrem glücklichen Einzug in die belagerte Stadt Vertrauen zu ihr gefaßt habe.[2]) Ähnlich stellt sich dem greisen Raoul de Gaucourt, der bei der Verteidigung von Orléans eine so hervorragende Rolle gespielt, in der Erinnerung das Bild der ihm aufgedrungenen und von ihm zunächst mit unverhohlenem Mißtrauen aufgenommenen Kampfgenossin dar.[3]) Auch Herzog Johann II. von Alençon, der Stellvertreter des Königs bei dem Heer während des kurzen, so überaus glänzenden Loirefeldzugs, der als solcher eigentlich das leistete, was später auf Rechnung der Führung Johannas gesetzt wurde, dann in richtiger Würdigung der militärischen und politischen Lage statt des unnützen, auf eine Demonstration hinauslaufenden Zuges nach Reims vielmehr in Gemeinschaft mit der Jungfrau, deren Anwesenheit die Truppen begeisterte,[4]) in die Normandie ziehen wollte, um die Macht der fremden Eroberer an der entscheidenden Stelle zu treffen, der bevorzugte und vertraute Waffengefährte Jeanne d'Arcs bis zu dem vergeblichen Angriff auf Paris, läßt in seiner Aussage ihren außerordentlichen Eigenschaften volle Gerechtigkeit widerfahren, ist aber doch weit davon entfernt

---

[1]) Vgl. Studien usw. S. 77—78.
[2]) Procès III S. 6: Extunc dictus deponens habebat bonam spem de ea et plus quam antea.
[3]) Ebd. S. 16—19. [4]) Ebd. S. 18.

in ihr ein sozusagen überirdisches Wesen zu sehen. Das lehrt schlagend der Bericht, den einer seiner Dienstmannen, der den Loirefeldzug und den Kampf vor Paris mitgemacht und Gelegenheit gehabt hatte von seinem Herrn viel über das wunderbare Mädchen zu hören, Perceval de Cagny, in seinen alten Tagen in den von ihm aufgezeichneten anspruchslosen Denkwürdigkeiten von Johannas Tun entworfen hat[1]): sie ist ihm von Gott gesandt, wie alles Gute von Gott kommt, ihre Reden aber und ihre Handlungen wachsen bei ihm nirgends in das Übermenschliche hinaus. So scheint es eben allen denen gegangen zu sein, die der Jungfrau im alltäglichen Verkehr nahe kamen, die während der Märsche, im Feldlager, bei den gemeinsamen Mahlzeiten und dann wieder im Gewoge des Kampfes Zeugen davon waren, wie sie jetzt heftig dreinstürmte und ihrer Wunden nicht achtete und dann wieder weinte und klagte, ermüdete und hilfsbedürftig war, gelegentlich aber auch in der Derbheit des Redens und Handelns ihre bäuerliche Herkunft erkennen ließ. Diese Leute nahmen ein ganz anderes Bild von ihr mit hinweg als diejenigen, welche sie hoch zu Roß, in prunkvoller Rüstung, mit dem wehenden Banner als triumphierende Siegerin von der Menge umjubelt und wie eine Heilige verehrt, unter den Lobgesängen ihres geistlichen Stabes einherziehen sahen und in frommer Verzückung in jedem Wort, das von ihren Lippen kam, eine Offenbarung zu finden geneigt waren. Dahin gehören nächst den genannten militärischen Größen einige Männer, die 1429 in deren Diensten standen und ihrer persönlichen Umgebung angehörig mit ihnen der Jungfrau nahe kamen, wie Louis de Contes, Seigneur de Noyon und Rengles, der als Page oder Knappe Goncourts an dem Zuge nach Orléans teilnahm und mit der Jungfrau nach der Stadt übersetzte,[2]) dann Thibaud d'Armignac de Ternes, der dem Gefolge des Bastard angehörte und mit diesem der nahenden Retterin entgegenging und sie in die Stadt geleitete,[3]) und vor allen Jean d'Aulon, nachmals

---

[1]) Vgl. oben S. 13.   [2]) Procès III S. 67 ff.   [3]) Ebd. S. 19.

königlicher Rat und Seneschal von Beaucaire, der schon in Chinon vom König der Jungfrau beigegeben und gewissermaßen zum Vorsteher ihres militärischen Hauses bestellt war.[1]) Nächst diesen in dem Rehabilitationsprozeß über das mit Jeanne d'Arc Erlebte vernommenen Laien kriegerischen Berufs ist dann namentlich von Bedeutung der Augustiner-Eremitenmönch Jean Pasquerel,[2]) der Johanna von ihrem ersten Zusammentreffen in Tours an bis zu dem Unglückstag von Compiègne als Kaplan begleitete, aber eben deshalb in seinen Aussagen durch besondere Rücksichten gebunden war. Obenein führen — was bisher, soweit ich sehe, nicht beachtet worden ist — gewisse Spuren auf die Vermutung, der „gute Pater" sei Jeanne d'Arc von bestimmten Persönlichkeiten und daher wohl auch in einer bestimmten Absicht zugeführt worden. Um die Zeit, da diese in Chinon erschien, so gibt er selbst an, sei er in einem diesem benachbarten Ort mit deren Mutter, Isabeau d'Arc, „la Romée" d. i. der Romfahrerin, die religiös hochgradig erregt gewesen zu sein scheint,[3]) und mit einigen ihm von früher her bekannten von deren Begleitern zusammengetroffen, sei mit diesen von Chinon nach Tours gegangen und dort der Jungfrau, von deren Auftreten er schon gehört hatte, vorgestellt mit der Bemerkung, wenn sie ihn erst recht kennen gelernt habe, werde sie ihn nicht wieder von sich lassen wollen: diese sei damit um so zufriedener gewesen, als sie von Pasquerel schon früher habe sprechen hören.[4]) Man gewinnt bei diesem

---

[1]) Ebd. S. 209 ff.   [2]) Ebd. S. 100 ff.

[3]) Ebd. S. 101 die Anmerkung Quicherats, der als Ort der Anwesenheit von Johannas Mutter das Dorf Anché bei Chinon vermutet durch Emendation des im Text stehenden augenscheinlich unrichtigen „in villa Aniciensi". Es dürfte aber wohl der Wallfahrtsort Puy-en-Velay zu vermuten sein.

[4]) Ebd.: . . . . Et in eadem villa Turonensi . . . Johannam allocuti fuerunt illi, qui eundem loquentem adduxerant, dicendo: „Johanna, nos adduximus vobis istum bonum patrem, si eum bene cognosceretis, vos eum multum diligeretis." Quibus ipsa Johanna respondit, quod bene contentabatur de loquente et quod iam de eo audiverat loqui quodque in crastino volebat eidem loquenti confiteri.

Bericht doch den Eindruck, das Zusammentreffen sei kein ganz zufälliges gewesen, sondern die intime Verbindung des Augustiners mit der Jungfrau sei von einer bestimmten Seite und demnach doch wohl auch in einer bestimmten Absicht vorbereitet und ins Werk gesetzt worden. Pasquerel war, so scheint es, der Mittelsmann, dessen eine kirchlich-politische Aktionspartei sich bediente, um nach glücklicher Überwindung der am Hofe herrschenden trägen Indolenz den Einfluß der Jungfrau auf Heer und Volk in einer bestimmten Richtung geltend zu machen.

An die Berichte dieser Männer wird man sich in erster Linie zu halten haben, will man wenigstens die Umrisse des Bildes der geschichtlichen Jeanne d'Arc einigermaßen sicher feststellen. Auszugehn ist dabei von den Johannas erstes Auftreten begleitenden Ereignissen, die noch wenig Außerordentliches boten, dennoch aber — oder vielleicht eben deshalb — von der Legende besonders ausgeschmückt und umgedichtet worden sind, während die als Augenzeugen darüber berichtenden Persönlichkeiten ihr zunächst noch leidlich unbefangen gegenübergestanden hatten und daher das Bild ihrer ersten Begegnung mit der nachher zu so erstaunlicher Bedeutung aufgestiegenen lothringischen Bäuerin besonders treu in ihrer Erinnerung bewahren konnten. Dagegen fanden die sensationellen Vorgänge, die weiterhin folgten, auch diese Leute bereits disponiert dem Zuge der erregten öffentlichen Meinung zu folgen und die Trägerin so außerordentlicher Begebnisse ebenfalls mehr und mehr in dem Lichte einer über übermenschliche Kräfte verfügenden Wundertäterin zu sehen. Dabei darf jedoch nicht außer Acht gelassen werden, daß die Fragen, die den Zeugen im Rehabilitationsprozeß vorgelegt wurden, von den das Verfahren leitenden kirchlichen Instanzen wohlweislich schon so formuliert waren, daß es wenn nicht unmöglich, so doch schwierig und vielleicht sogar gefährlich war, eine andere Antwort zu geben, als gewünscht und erwartet wurde. Wer hätte wohl auf die Frage, ob er der Jungfrau Taten mehr auf göttliches oder auf menschliches Wirken zurückführe, zu antworten wagen können, er halte sie für rein menschlichen Ursprungs? Der herrschenden Strömung folgend ließen daher auch diejenigen Zeugen, welche Johanna zu Beginn ihrer Laufbahn in der ihr damals trotz aller Ekstase noch gebliebenen Natürlichkeit gesehen und beobachtet hatten, sie eigentlich im Widerspruch mit dem diesen Eindruck wiedergebenden Teil ihrer Aussagen als eine mit übermenschlichen Kräften ausgestattete Gesandtin Gottes gelten, wenn auch wohl in der Stille in einem etwas andern Sinn als die Kirche und die legendengläubige Menge.

Wenden wir diese Gesichtspunkte auf die Überlieferung von den Ereignissen an, welche der Prüfung zu Poitiers zunächst folgten, den Beginn der kriegerischen Laufbahn Jeanne d'Arcs mit dem Zuge nach Orléans. Gerade da stellt dieselbe das Erreichte dar als deren persönliches Werk, vollbracht vermöge der in ihr wirkenden himmlischen Kräfte. Eine genaue Prüfung der Aussagen der handelnd daran beteiligten Zeugen ergibt aber, daß der Anteil der Jungfrau recht unbedeutend war und daß von einer leitenden Stellung derselben dabei nicht die Rede sein kann.

Wenn Jeanne d'Arc von vorneherein erklärt hatte, sie sei von dem himmlischen König gesandt, um Orléans zu entsetzen, so scheint sie doch zunächst darauf gerechnet zu haben, daß es dazu eines Kampfes nicht bedürfen, vielmehr die Verkündigung des ihr gewordenen Auftrages genügen werde, um die Engländer zum Abzug zu bestimmen. Noch nach der Ankunft in der bedrängten Stadt hat sie diese Erwartung ausgesprochen, freilich unter drohendem Hinweis auf das göttliche Strafgericht, das, wenn sie sich dem Gebote nicht fügten, über die Fremdlinge hereinbrechen werde.[1]) Daher hat es sich denn auch bei den Vorbereitungen des Zuges nach Orléans zunächst nicht um die Aufbringung von Streitkräften gehandelt, welche die Belagerer aus ihren in weitem Bogen um die Stadt erbauten Bastillen vertreiben sollten, sondern nur um die Verprovian-

---

[1]) Procès III S. 107; vgl. Prutz, Die Briefe Jeanne d'Arcs, a. a. O. S. 16.

tierung der Eingeschlossenen und ihre Ausrüstung mit dem zur Fortsetzung des Widerstandes nötigen Kriegsgerät.¹) Das aber war nicht so besonders schwierig, da Orléans gar nicht so eingeschlossen war, daß der Zugang nur durch einen Kampf zu erschließen gewesen wäre: nicht bloß Boten gingen zwischen den Verteidigern und den Nachbarstädten sowie dem Hofe hin und her, sondern auch Proviant- und Munitionstransporte sowie Verstärkungen an Mannschaften kamen ungehindert hinein.²) So war die Annahme berechtigt, die Verlängerung der Widerstandsfähigkeit der Stadt werde genügen, um den Engländern die Fortsetzung des dann vollends aussichtslosen Unternehmens zu verleiden. Daher hielt Johanna denn auch ihre Aufgabe zunächst schon für gelöst, als der Proviant- und Munitionstransport, den sie mitgeleitete, glücklich in die Stadt gebracht war, und wollte alsbald nach Blois zurückkehren.³) Daß die Belagerer nicht abzogen, war für sie eine Enttäuschung und nötigte sie die friedlichen Absichten aufzugeben, mit denen sie sich bisher getragen hatte: das mahnende Wort der Gesandtin Gottes hatte nicht den erwarteten Eindruck gemacht.

Hält man dies fest, so gewinnen die Vorgänge in und bei Orléans in mancher Hinsicht ein anderes Ansehn und werden auch zeitlich etwas anders zu ordnen sein, als gewöhnlich geschieht. Daß, wie eine im ganzen wohlunterrichtete, uns aber nur in einer späteren Überarbeitung vorliegende Quelle wissen will, der Gedanke, die Rettung Orléans zunächst durch ausreichende Verproviantierung zu versuchen, schon während des Aufenthalts Johannas und des Hofes in Poitiers erwogen worden sei,⁴) ist ja wohl möglich; der Beschluß dazu ist jedoch wohl erst später gefaßt und dann seine Ausführung noch lange

---

¹) Vgl. die Aussage Gaucourts Procès III S. 18: (Johanna) ivit apud Blois, ubi primo se armavit pro conducendo victualia Aurelianis et succurrendo habitantibus in ea.

²) S. die Einzelangaben darüber in dem Journal du siège S. 69, 72, 73 u. 75.

³) Chronique de la Pucelle, Procès IV S. 219.   ⁴) Ebd. S. 212.

hingezögert worden, weil die Beschaffung der der Stadt zuzuführenden Vorräte, welche die Lieferanten angesichts des gewagten Unternehmens nur gegen bare Zahlung hergeben wollten, infolge des am Hofe herrschenden Geldmangels auf Schwierigkeiten stieß, die zu beseitigen der Herzog von Alençon in Karls VII. Auftrag bei dessen Schwiegermutter Jolanthe von Sizilien die Mittel aufzutreiben suchte.[1]) Das erklärt schon zur Genüge die Verzögerung des Aufbruchs, durch welche die Jungfrau sich noch länger zu quälender Untätigkeit verurteilt sah. Wann die Erfüllung ihres Verlangens ihr endlich zugesagt wurde, wissen wir nicht bestimmt. Nur der Ort, wo es geschah, St. Benoît an der Loire, wird später von einem der damals am Hofe verweilenden Zeugen genannt.[2]) Aber von da bis zum Aufbruch des Transports verstrich sicher noch längere Zeit, schon weil nach glücklicher Beseitigung der finanziellen Schwierigkeiten die Vorräte erst zu Schiff die Loire aufwärts nach Blois geführt werden mußten, um dort weiter verladen zu werden. Erst als daselbst alles beisammen war, begab Johanna sich ebenfalls dorthin, um nach kurzem Aufenthalt — ihr Kaplan Pasquerel bemißt ihn in der Erinnerung auf zwei bis drei Tage —[3]) nach Orléans aufzubrechen. Da dies am 27., nach anderen am 28. April geschah, kann Johanna nicht wohl vor dem 24. oder 25. April in Blois erschienen sein. Dazu stimmt, daß die königliche Anweisung auf 100 Livres für einen ihrer Begleiter auf dem Ritt von Vaucouleurs nach Chinon als Entschädigung für den dabei gemachten Aufwand und zur Bestreitung der ihm aus der Teilnahme an dem Zug nach Orléans erwachsenden Kosten erst vom 21. April datiert ist.[4]) Um diese Zeit dürfte auch die

---

[1]) Procès V S. 93.   [2]) Ebd. III S. 116.

[3]) Ebd. S. 104: Et fuerunt in villa Blesensi circiter per duos vel tres dies. Louis de Contes ebd. S. 67: .... stetit in .... villa Blesensi per aliquot tempora, de quibus non recordatur.

[4]) Ebd. V S. 257: qu'il leur convient faire un voyage, qu'ilz ont entencion de faire pour servir .... en l'armée par luy ordonnée pour le secours d'Orléans.

bekannte Sommation Johannas an die Engländer ergangen sein, die fälschlich mit dem Datum vom 22. März überliefert ist.[1]) Aus ihr spricht noch die Zuversicht, das Wort der Gesandtin Gottes werde genügen, um die Engländer zum Abzuge zu vermögen und Orléans so ohne Kampf zu retten. Denn zu den bisher gegen die herkömmliche Datierung dieses berühmten Schreibens angeführten Gründen kommt noch die Erwägung, daß einem solchen Erlaß an die Engländer die für den Fall des Ungehorsams darin angedrohte Ahndung doch nicht erst nach langen Wochen, sondern möglichst sofort erfolgen mußte, wenn nicht die Mission Johannas von Anfang an diskreditiert werden sollte. Im Einklang damit wird denn auch die Nichtbeachtung der Sommation als Grund dafür angegeben, daß der Aufbruch von Blois beschlossen wurde.[2]) Man eilte nun die bisher verlorene Zeit möglichst einzubringen.

Doch waren es offenbar weniger eigentlich kriegerische, auf einen baldigen Entscheidungskampf mit den Engländern berechnete Vorbereitungen und auch nicht die Sorge für den Transport der für Orléans bestimmten Vorräte, die auf Pferden, Wagen und Karren verladen wurden, was Johanna während des kurzen Aufenthaltes in Blois beschäftigte, als vielmehr die Organisation der kleinen zu ihrer Bedeckung dienenden und von dem übrigen Heere getrennten Mannschaft, die sie und den ihr in Tours vom König zugeteilten Stab umgab.[3]) Doch handelte es sich dabei nicht um militärische, sondern um kirchliche Gesichtspunkte, welche der Jungfrau damals ebenso fremd gewesen sein dürften wie die ersteren. Denn die angeblich von ihr erlassenen Bestimmungen betrafen die Herstellung streng kirchlicher Zucht und sittlichen Wandels unter den ihr persönlich beigegebenen Leuten: sie sollten einander alles vergeben und auf jede Vergeltung für erlittenes Unrecht verzichten, auf ihr Seelenheil denken und für ein reines Gewissen sorgen, daher täglich beichten und kommunizieren, so wie

---

[1]) Prutz, Die Briefe Jeanne d'Arcs, a. a. O. S. 11—13.

[2]) Journal du siège S. 74.

[3]) Procès III S. 67: .... et habuit ipsa Johanna tunc statum a rege.

Johanna selbst es tat. Das alles aber stammt nicht von Johanna her, ja nicht einmal von ihren geistlichen Beratern, sondern lief — was man bisher übersehen hat — hinaus auf eine fast wörtliche Wiederholung des Friedensgebots, das von den städtischen Autoritäten von Le Puy-en-Velay (dem Hauptort des Departement Haute-Loire) erlassen und den benachbarten Fürsten und Städten zur Nachachtung und Unterstützung mitgeteilt zu werden pflegte, wenn daselbst der große Ablaß stattfand, zu dem viele tausende von Wallfahrern zusammenströmten.[1]) Das aber war eben 1429 der Fall, und wir wissen, daß der Jungfrau Mutter damals dorthin pilgerte, und dürfen vermuten, daß es dort war, wo Jean Pasquerel mit derselben und anderen Begleitern Johannas von Vaucouleurs her zusammentraf und dieselbe aufzusuchen veranlaßt wurde.[2]) Als ein Werk der unter himmlischer Eingebung handelnden Jungfrau also kann man diese Ordnung nicht ansehn. Ebenso unzutreffend ist die Vorstellung, Johanna sei vom König förmlich mit der Führung des Zuges nach Orléans betraut worden. Für Fernerstehende konnte es vielleicht so scheinen, auch hat natürlich die Legende den Erfolg der Leitung Johannas zugeschrieben.[3]) In Wahrheit ist das damals sowenig wie später der Fall gewesen. Vielmehr ließen die kriegserfahrenen Männer wie Gaucourt, Poton, La Hire und andere, denen die Verantwortung für den Ausgang des Unternehmens oblag, Johanna eben nur gewähren, gestatteten ihr unter dem Druck der Lage mitzugehn und sich mit ihren Leuten den von ihnen gesammelten Mannschaften anzuschließen, wollten im übrigen aber abwarten, was sie von ihren Verheißungen, an die keiner von ihnen ohne weiteres glaubte, zu erfüllen im Stande sein würde. Sie taten das notgedrungen in Rücksicht auf die Volksstimmung, der Rechnung getragen werden mußte. Man machte eben, da irgend ein andrer Aus-

---

[1]) Ayroles I S. 15—16.   [2]) Vgl. oben S. 56.

[3]) So entstand die falsche Vorstellung, wie sie im Journal du siège S. 58 zum Ausdruck kommt, der König habe alle Kapitäne angewiesen „qu'ils obéissent à elle comme à lui et aussy firent-ils".

weg sich nicht mehr darbot, ein Experiment,[1]) ohne von dessen günstigem Ausgang zum voraus überzeugt zu sein, und hütete sich für den Fall des Mißlingens die Verantwortung zu übernehmen. Daher wird es denn auch nicht bloß mit dem ständigen Geldmangel am Hofe zu erklären sein, wenn die Mittel für die bereits in Tours beschaffte kriegerische Ausrüstung der Jungfrau, die bisher zwar in männlicher Tracht, aber doch nicht militärisch gewaffnet einhergegangen war, erst nach der Rettung von Orléans, am 10. Mai, zur Zahlung angewiesen wurden.[2]) Ohne anerkannte, bestimmt umschriebene amtliche Stellung, so muß man annehmen, wurde Johanna den nach Orléans bestimmten Mannschaften mitgegeben, samt einer um sie gesammelten kleineren auserwählten Gruppe. Pasquerel berichtet, sie habe ihn beauftragt, ein Banner anfertigen zu lassen, auf dem der Heiland am Kreuz dargestellt war, und um dieses zweimal täglich, früh und abends, sämtliche Geistliche unter Lobgesängen auf die Jungfrau Maria versammelt, von den Kriegern dazu aber nur diejenigen zugelassen, die an dem betreffenden Tage gebeichtet hatten. Alle aber habe sie ermahnt zur Beichte zu gehen, damit sie an diesen Andachten teilnehmen dürften.[3]) Das Gleiche berichtet Jean d'Aulon, mit dem Bemerken, diese auserwählte Mannschaft habe der Jungfrau zur persönlichen Bedeckung gedient und für ihre Sicherheit zu sorgen gehabt,[4]) und ein dritter Zeuge Louis de Contes hat wiederholt Johanna in dieser Priester- und Soldatengemeinde das Abendmahl nehmen sehen.[5]) Das wird denn freilich den verwilderten Kriegern eines Marschall de Rais, La Hire usw., die den Transport geleiten sollten, sehr befremdlich vorgekommen und zunächst vielleicht nicht unbespöttelt geblieben sein, verfehlte doch aber schließlich nicht seinen Eindruck, namentlich auf die bürgerlichen Kreise, denen singende und betende, Disziplin haltende, sie nicht mißhandelnde oder ausraubende Soldaten eine ganz neue Erscheinung

---

[1]) Chronique de la Pucelle, Procès IV S. 211 a. E.
[2]) Procès III S. 528.   [3]) Ebd. S. 104—5.
[4]) Ebd. S. 210.   [5]) Ebd. S. 67.

waren, und zum Teil war das Ansehn, das Johanna rasch weithin gewann, auf diese mehr sittlich reformierende als kriegerische Seite ihres von ihrer geistlichen Umgebung beeinflußten Wirkens zurückzuführen.

Daß der Zug nach Orléans ohne Fährlichkeit sein Ziel erreichte, zeigt, daß die Lage der Stadt nicht so verzweifelt war, wie die Tradition sie darstellt, um ihre Rettung umso wunderbarer erscheinen zu lassen. Wenn Orléans bisher noch nicht geholfen war, so lag das an der Energielosigkeit des schwachen und schlecht beratenen Königs und seines in Genußsucht versunkenen Hofes. Einen entscheidenden Schlag gegen die Stadt zu unternehmen waren die Belagerer nicht stark genug. Sie zählten, nachdem die Burgunder am 17. April abgezogen waren, etwa 5000 Mann, von denen für einen Angriff höchstens 3000 in Betracht kamen, da 2000 als Besatzung der Bastillen unabkömmlich waren.[1] Auch dem von Blois zu erwartenden Transport wäre der Eintritt nicht zu verwehren gewesen, wenn er auf dem rechten, nördlichen Ufer der Loire blieb, die Landschaft Beauce in einem nordwärts ausholenden Bogen durchzog, die englischen Bastillen umging, so die von Paris her kommende Straße erreichte und sich dann unter dem Schutz der dortigen Waldungen der ungesperrt gebliebenen nordwestlichen Partie der Stadtmauer näherte. Auch waren einige von den Kapitänen, die den Zug zu geleiten hatten, für diesen durch die Lage empfohlenen Weg, die Mehrzahl aber wollte wohl den kostbaren Transport nicht der Gefahr eines dabei immerhin möglichen Zusammenstoßes mit den Engländern aussetzen, und daher wurde im Kriegsrat, zu dem man Johanna nicht zog — ein neuer Beweis dafür, daß sie an der Leitung des Unternehmens offiziell nicht beteiligt war —, beschlossen, auf der Brücke von Blois über die Loire zu gehen und südlich von ihr ostwärts zu ziehen, um so erst oberhalb Orléans wieder an den Fluß zu kommen und von dort aus die Vorräte auf Lastbooten zur Stadt hinab

---

[1] Morosini III S. 28. Vgl. Ayroles III S. 156—57.

und hinüber zu führen, also durch die Landschaft Sologne zu gehen.[1]) Doch wurde das der Jungfrau verheimlicht: ein Urteil hätte diese allerdings in dieser Frage bei ihrem Bildungsstand und bei ihrer Unbekanntschaft mit der Gegend auch gar nicht gehabt. Diese beweist zur Genüge die von verschiedenen Zeugen bekundete Tatsache, daß sie, obwohl man gleich in Blois auf das linke Loireufer gegangen war, sich in der Beauce zu befinden wähnte und den von ihr gewollten Weg zu verfolgen glaubte und erst allmählich oder gar erst bei der Ankunft oberhalb Orléans des ihr gespielten Betruges inne wurde.[2])

Von dem Verlauf des Zuges im einzelnen haben wir keine Kunde. Nicht einmal der Tag des Aufbruchs steht fest. Der deutsche Chronist Eberhard Windike nennt, wohl auf Grund eines der offiziösen Berichte, die der französische Hof über diese seine Lage so unverhofft bessernden Ereignisse verbreiten ließ, den 28. April, während Pasquerel den 27. im Gedächtnis behalten hatte, da er im ganzen drei Tage auf den Marsch rechnet. Zu ersterem würde die Chronique de la Pucelle stimmen, welche die Truppe nur eine Nacht im Freien lagern läßt, während Pasquerel von zwei im Biwak verbrachten Nächten spricht.[3]) Der verfolgte Weg ergibt sich aus den örtlichen Verhältnissen: nach Überschreitung der Loire auf der Brücke von Blois wandte der Zug sich alsbald ostwärts, ging in gemessener Entfernung von den Brückenköpfen von Baugency und Meuny vorbei nach dem nur vier Kilometer südlich von Orléans malerisch am Loiret gelegenen Olivet und dann in nordwestlicher Richtung auf die Loire zu. Die Engländer hielten sich ruhig und hatten sogar die südlichste vorgeschobene Bastille Saint-Jean-le-Blanc, von der aus der Marsch leicht

---

[1]) Perceval de Cagny S. 141.
[2]) Journal du siège S. 74; Chronique de la Pucelle, Procès IV S. 217 u. 18. Boucher de Molandon, a. a. O. S. 45—46 leugnet die Täuschung Johannas über den Weg unter Hinweis auf „son intelligence supérieur et sa constante préoccupation de faire lever le siège" — erstere ist unerwiesen, letztere war auf einen Erfolg ohne Kampf gerichtet.
[3]) Procès III S. 105. Vgl. France I S. 298.

gestört werden konnte, geräumt und die Besatzung nach Les Augustins zurückgenommen.[1]) Sollte Johanna wirklich, wie es heißt, den Vorschlag gemacht haben gleich hier links abzuschwenken und nordwärts marschierend das Hauptwerk der Engländer hinter Les Augustins, die Bastille an der Loirebrücke, anzugreifen und so in die Stadt einzudringen, so wäre damit nur ein neuer Beweis geliefert für ihren Mangel an militärischer Einsicht. Ungestört erreichte man nordöstlich weiterziehend das Ufer der Loire bei dem „Hafen" Bouchet,[2]) gegenüber etwa dem Kloster Saint-Loup und der von den Belagerern dort errichteten Bastille. Es war wohl deren drohende Nähe, was die Leiter des Zuges bestimmte noch weiter stromaufwärts zu gehen, etwa vier Kilometer, bis man sich dem auf dem rechten Ufer gelegenen Ort Checy gegenüberbefand. Dort gewährte der in zwei Arme geteilte, ziemlich breite Fluß mit seinen langgestreckten baumlosen Inseln Deckung und ermöglichte den sicheren Transport der Vorräte in die Stadt, zu dem der getroffenen Verabredung gemäß von dort aus die nötigen Vorbereitungen getroffen waren, wenn auch durch unerwartet eingetretenes Hochwasser verzögert. Checy gegenüber wurde Halt gemacht und die Nacht vom 28. zum 29. April biwakiert. Wenn dagegen eine wohl schon früh entstandene Tradition berichtet, die Jungfrau habe diese Nacht in Checy zugebracht als Gast des Herrn des Ortes, des auf dem benachbarten Schloß Rully sitzenden Guy de Cailly, so ergibt sich deren Unhaltbarkeit schon aus den örtlichen Verhältnissen. Es geht nämlich aus des Bastards und seiner Begleiter späteren Aussagen hervor, daß diese, um mit den Ankommenden zusammenzutreffen, von Checy aus im Boot über die Loire fuhren, also auf dem linken Ufer mit Johanna zusammentrafen, und daß diese nach der Ankunft der unerwartet lange ausbleibenden Lastkähne zum Transport der Vorräte in die Stadt

---

[1]) So nach der Chronique de la Pucelle, Procès IV S. 217 a. E. Nach dem Journal du siège S. 83—84 aber müssen die Engländer die Stellung doch wieder besetzt und noch stärker befestigt haben.
[2]) Boucher, a. a. O. Note XII S. 93—96 u. 106 Beilage 13.

erst nach längerem Widerstreben mit dem Bastard auf das rechte Loireufer übersetzte, um nach Einbruch der Dunkelheit in die Stadt einzureiten.[1]) Sollte sie, die sich anfangs entschieden weigerte sich von ihren Genossen zu trennen und mit diesen sogar nach Blois zurückkehren wollte, sollte sie, so muß man da fragen, sich den Tag zuvor haben übersetzen lassen, die Nacht in Rully zugebracht und dann am nächsten Tage die jenseits des Flusses gebliebene Mannschaft wieder aufgesucht haben? Von den an den Ereignissen Beteiligten kennt keiner einen Aufenthalt Jeanne d'Arcs in Rully. Von ihm erfahren wir erst durch eine angebliche Urkunde Karls VII., nach der dieser auf Befürworten Johannas Guy de Cailly zum Lohn für seine Treue und die der Jungfrau bei ihrem Aufenthalt in seinem Schloß gewährte Förderung die Zugehörigkeit zu dem alten Adel des Königreichs bestätigte.[2]) Schon ihrem Inhalt nach verdächtig, wird diese Urkunde durch ihre in mehr als einer Hinsicht befremdliche Fassung als Fälschung gekennzeichnet, durch die, wie das auch sonst vorkam, einem wirklichen oder angeblichen Genossen der Heldin nachträglich Vorteile verschafft werden sollten.

Vollkommen paßt dagegen zu der Situation, die nach der Ankunft des Transports Checy gegenüber gegeben war, die Aussage eines Augenzeugen, nach der, als sich der von Johanna gewünschte Übergang der ganzen Schaar über die Loire als unmöglich erwiesen hatte, beschlossen wurde, nach Blois zurückzukehren, dort über den Fluß zu gehen und auf dem anderen Ufer nach Orléans zurückzukehren: darüber sei Johanna entrüstet gewesen, weil sie gefürchtet habe, man suche nur einen Vorwand um heimzukehren, zumal anerkanntermaßen der nächste Zweck des Zuges, die Verproviantierung der Stadt, tatsächlich erreicht war.[3])

---

[1]) Journal du siège S. 75 a. E.
[2]) Die angebliche Urkunde bei Boucher S. 60—67 u. 107. Vgl. die wesentlich anders gefaßte für Jean de Metz, Procès V S. 363 ff. und Prutz, Die falsche Jungfrau von Orléans, a. a. O. S. 12.
[3]) Aussage des Simon Beaucroix, Procès III S. 76.

Über die Ankunft Johannas in Orléans am Abend des 29. April haben wir die Berichte mehrerer Augenzeugen. Sie stimmen in der Hauptsache überein, differieren doch aber auch in einigen nicht unwesentlichen Punkten. Wieder sind es gerade diese, wo die Legendenbildung eingesetzt hat.

Als die Ankunft der erwarteten Hülfe und der sie begleitenden Lothringerin, deren Verheißungen ihr vorauseilend alles mächtig erregt hatten, in der Frühe des 29. April in Orléans bekannt wurde, eilte dort alles zu den Waffen. Schleunigst wurden die am Ufer liegenden Boote und Lastfahrzeuge bereitgemacht, um sie den Fluß hinauf nach Checy zu führen und die Vorräte in die Stadt zu holen. Dem aber bereitete der ungewöhnlich niedrige Wasserstand Schwierigkeiten und das Unternehmen schien noch dicht am Ziel scheitern zu sollen, zumal wenn die Engländer aus ihren Bastillen zum Angriff ausrückten. Sie daran zu hindern machte die Besatzung der Stadt einen Ausfall gegen die Loire aufwärts nach Checy zu gelegene Bastille bei dem Kloster Saint-Loup. Der Kampf scheint den ganzen Tag gedauert zu haben.[1]) Auffallend ist, daß das den Ereignissen gleichzeitig geführte Tagebuch, das uns allerdings nur in einer späteren Bearbeitung als Journal du siège vorliegt, von alledem weniger zu berichten weiß als alle anderen räumlich und zeitlich diesen Vorgängen ferneren Quellen. Es erwähnt auch nicht ausdrücklich, daß der Bastard von Orléans, wie er nachmals als Zeuge ausführlich berichtet, in Begleitung des gleichfalls in dem Rehabilitationsprozeß vernommenen Knappen oder Pagen Thibauld Armignac de Ternes von der Stadt herbeigeeilt und in einem Boote über die Loire gesetzt war, um die Ankömmlinge zu begrüßen. Den Inhalt des dabei mit Johanna geführten Gesprächs hat der Bastard genau berichtet: darin entlud sich der bittere Unmut der Jungfrau über den ihr gespielten Betrug, indem man sie durch die Sologne geführt hatte, während sie durch die Beauce zu ziehen glaubte. Des Bastard Berufung auf den Beschluß

---

[1]) Journal du siège S. 74 u. 75.

des Kriegsrats ließ sie nicht gelten, sondern berief sich dagegen auf den bessern und weiseren Rat, der hinter ihr stehe, das heißt die Weisungen, die sie durch ihre Stimmen und Visionen bekommen habe.[1]) Später, als sie auch in den Augen der damals noch an ihr Zweifelnden durch ihre Erfolge beglaubigt war, hat sie durch diese Wendung ihren Willen nicht selten durchgesetzt. Auch dürfte der Bastard, der bei dieser ersten Begegnung noch nicht zu den an die Mission Johannas Glaubenden gehörte, dieser die späterhin oft gehörte Wendung in den Mund gelegt haben, ohne daß sie sie gerade damals gebraucht hatte: denn auch er stand, als er nach fünfundzwanzig Jahren jenes Zusammentreffen schilderte, unter dem Bann der inzwischen zur Herrschaft gelangten Legende, welche den an sich ganz einfachen und jeder Sensation entbehrenden Vorgang ebenfalls in die Sphäre des Wunderbaren erhoben hatte.

Einzelne Widersprüche und Unklarheiten in der Schilderung von Johannas Einritt in die Stadt dürften daraus zu erklären sein, daß die Verfasser der uns vorliegenden Berichte die von ihnen benutzten älteren Aufzeichnungen nicht richtig verstanden, weil ihnen die Anschauung der Örtlichkeit fehlte, es ihnen insbesondere nicht klar war, daß die von Blois gekommenen Königlichen dem Lauf der Loire entgegen bereits beträchtlich über Orléans hinausgekommen waren und daher, um den Transport zur Stadt zu bringen, ihn den Fluß abwärts führen mußten. Auch die Angabe über eine dabei erfolgte Betätigung ihrer überirdischen Kräfte durch Johanna hat offenbar darin ihren Ursprung: sie stellt wiederum ein

---

[1]) Procès III S. 5—6. Diese Aussage ist wörtlich übergegangen in die Chronique de la Pucelle, resp. die sie bearbeitenden Gestes des nobles Français des jüngeren Cousinot de Montreuil ebend. IV S. 209 bis 210. Gleiche Übereinstimmungen finden sich auch sonst zwischen beiden, z. B. Chronique de la Pucelle, a. a. O. S. 221 = Procès, a. a. O. S. 30 in.; S. 228—29 = S. 8—9; S. 233 = S. 11—12. Sollte Cousinot de Montreuil direkt den Prozeß benutzt haben oder ein Auszug aus diesem in ähnlicher Weise offiziös verbreitet worden sein, wie früher die Taten der Jungfrau vom Hofe bekanntgemacht wurden?

glückliches Zusammentreffen von dem Einfluß Johannas völlig unabhängiger Umstände dar, wenn nicht gerade als ihr Werk, so doch als von ihr vorher verkündet. Der Fall ist lehrreich und dürfte wohl als typisch anzusehn sein.

Zunächst stimmen hier die Angaben der Augenzeugen nicht völlig überein. Als gewiß aber ergeben sie, daß die Fahrt der Lastschiffe, welche die mitgeführten Vorräte aufnehmen sollten, zunächst auf Schwierigkeiten stieß: widriger — also von Osten her wehender — Wind nach den einen, niedriger Wasserstand nach den andern hinderte sie. Besorgnisse und Unruhe griffen um sich. Nur Johanna erklärte zuversichtlich, der Wind werde demnächst umspringen. Wirklich geschah das auch noch rechtzeitig, und die Segelboote, jedes mit zwei Lastschiffen im Schlepptau, kamen rasch vorwärts, legten Checy gegenüber am linken Ufer an und konnten, beladen von der Strömung flußabwärts geführt, zur Stadt gelangen.[1]) Auch die Bastille Saint-Loup passierten sie ungehindert, da deren Besatzung durch den Ausfall der Städter beschäftigt war. Johanna behielt also recht und das machte Eindruck. Mächtiger aber noch wirkte die Kunde von dem Geschehenen auf die der Retterin harrende städtische Menge. Wie leicht war da Johannas Zuversicht, die Änderung des Windes werde rechtzeitig eintreten, erst als eine Prophezeiung gedeutet[2]) und dann weiterhin das Umschlagen des Windes als von ihr bewirkt dargestellt![3]) In dieser Richtung hat sich die Legende ausgewachsen. Dagegen weiß das diesen Vorgängen zeitlich und räumlich am nächsten stehende Journal du siège[4]) von der ganzen Geschichte nichts, und nach dem Augenzeugen Pasquerel wären die anfänglichen Schwierigkeiten

---

[1]) Chronique de la Pucelle S. 218; Journal du siège S. 75. Die Unhaltbarkeit von Jollois Ansicht, der Transport sei zu Lande in die Stadt geschafft worden, hat Boucher, a. a. O. nachgewiesen.

[2]) Das tut bereits Gaucourt in seiner Aussage Procès III S. 18.

[3]) Vgl. Chronique sur l'origine de la fête du huit mai, Procès V S. 290: il falloit dire, que ce fust un miracle de Dieu.

[4]) Journal du siège S. 75—77.

nicht konträrem Wind, sondern zu niedrigem Wasserstand[1]) zuzuschreiben gewesen: nach diesem hätte erst das Steigen des Wassers die Landung und das Umladen der Vorräte ermöglicht. Daß aber dieses von Johanna zuversichtlich erwartet oder gar vorausgesagt sei, sagt er nicht und vollends nichts von einer durch die Jungfrau vermittelten göttlichen Einwirkung auf die Elemente. Den Bürgern von Orléans freilich, welchen die schon ganz nahe Rettung im letzten Augenblick wiederum zu entschwinden schien, galt Johanna nun alles und man traute ihr alles zu, sah sich schon für gerettet an.[2])

Um so mehr mußte es die Verteidiger der Stadt überraschen und kann auch heute noch den Betrachter der Ereignisse mit Verwunderung erfüllen als kaum vereinbar mit Johannas sonstigem Verhalten, wenn diese, nachdem die Verproviantierung der Stadt geglückt war, selbst nicht dort bleiben wollte, sondern nach Blois zurückzukehren Miene machte. Sie wolle sich, erklärte sie, nicht von ihren Leuten trennen, der sie umgebenden frommen Elitetruppe durch die Beichte gereinigter Krieger, mit denen sie sich der gesamten Macht der Engländer gewachsen glaubte.[3]) Erst auf erneutes Andringen des Bastards und La Hires, die von ihrem Abzug den ungünstigsten Eindruck auf die Besatzung von Orléans fürchteten, erklärte sie sich schließlich bereit die Stadt zu betreten, nachdem die anderen Fürsten versprochen hatten mit den noch in Blois gelassenen Vorräten und Verstärkungen zurückzukehren.

Der Abend sank bereits, als Johanna mit dem Bastard auf das rechte Loireufer übersetzte. Denn um ein allzu stürmisches Zusammenströmen der Bevölkerung zu verhindern, wollte man es vollends dunkel werden lassen, ehe sie in Orléans einritt, umdrängt von der Menge mit theatralisch zurecht-

---

[1]) Procès III S. 105.
[2]) Journal du siège S. 77: „ ... ilz se sentoyent ja tous reconfortez et comme desassiégéz par la vertu divine qu'on leur avoit dit dans ceste simple Pucelle." Vgl. Perceval de Cagny S. 143.
[3]) Chronique de la Pucelle, Procès IV S. 219. Vgl. die Aussagen des Bastard ebd. III S. 9—10 und des Jean d'Aulon ebd. S. 210.

gemachtem militärischem Gepränge,[1]) das sich doch nicht aus dem Stegreif beschaffen ließ, sondern rechtzeitig vorbereitet sein wollte. Das Journal du siège entwirft ein anschauliches Bild davon,[2]) das freilich wohl nicht auf den das ursprüngliche Tagebuch als Augenzeuge führenden Verfasser zurückzuführen, sondern von dem späteren Überarbeiter aus der inzwischen farbenprächtig ausgestatteten Legende übernommen sein dürfte. Auffallend ist gleich der Schimmel, der für Johanna bereit gestanden haben soll: denn nach dem Brauch jener Zeit waren solche den Herolden und den Erzengeln vorbehalten.[3]) Ritt Johanna wirklich auf einem solchen in Orléans ein, so möchte man vermuten, daß kundige Arrangeure die Hand im Spiele hatten, oder der Schimmel ist ein Phantasiegebilde. Ebenso wird es wohl mit dem Reiterkunststückchen stehen, durch das nach demselben Bericht Johanna allgemeine Bewunderung erregt haben soll, indem sie, ihrem Schimmel die Sporen gebend, geschickt das Feuer erstickte, welches eine der vor ihr hergetragenen Standarten ergriffen hatte, die mit einer der von der Menge angezündeten Fackeln in Berührung gekommen war.[4])

Ob Johanna selbst eine rechte Vorstellung von der Lage hatte, in die sie gegen ihre Absicht durch den Einzug in Orléans gebracht war, und ob sie sich ein Bild von dem machen konnte, was nun geschehen sollte, als sie sich müde und matt und wundgescheuert von dem Druck der ungewohnten Rüstung,[5]) die sie seit dem Aufbruch von Blois nicht abgelegt hatte, sich in dem ihr bereiteten Quartier im Hause des Schatzmeisters

---

[1]) Vgl. die lebhafte Schilderung im Journal du siège S. 79.
[2]) Vgl. die Aussage des davon ebenfalls als Augenzeuge berichtenden Bürgers von Orléans Jean Lullier Procès III S. 23.
[3]) France I S. 313.
[4]) Ayroles, a. a. O. III S. 467 schreibt die Geschicklichkeit Johannas im Reiten ebenso wie ihre plötzliche militärische Begabung einer ihr, der darin nach ihrer eigenen Angabe völlig Unerfahrnen, durch ein Wunder unmittelbar von Gott verliehenen Fähigkeit zu!
[5]) Aussage des mit nach Orléans übergesetzten Louis de Contes, Procès III S. 68.

des Herzogs von Orléans Jacques Boucher[1]) zur Ruhe niederlegte, um erst um die Mittagsstunde des 30. April durch das die Stadt erfüllende Waffengetöse aus dem Schlaf aufgeschreckt und an ihren kriegerischen Beruf gemahnt zu werden, zugleich aber von neuem die unangenehme Erfahrung zu machen, daß die berufenen Leiter der Verteidigung sie bei Seite zu schieben und ohne Rücksicht auf ihren Rat von ganz anderen Gesichtspunkten aus zu handeln gewillt waren?

IV. Die Rettung von Orléans.

Betrachtet man die Lage von Orléans, wie sie sich nach dem Einzug Jeanne d'Arcs am Abend des 29. April gestaltet hatte, unbefangen und außerhalb der Beleuchtung, in welche die Legende sie gerückt hat, so war dieselbe doch nur insofern gebessert, als die Lebensmittel und Kriegsmaterialien, die hineingebracht waren, der Bürgerschaft und der Besatzung noch längeren Widerstand ermöglichten. Mehr hatte Johanna zunächst auch nicht beabsichtigt, und demgemäß war sie der naiven Meinung, das würde genügen, um die Engländer von der Aussichtslosigkeit ihres Unternehmens zu überzeugen und zum Abzug zu bestimmen. Deshalb hatte sie ihre Mission auch eigentlich bereits als erfüllt angesehen und ebenfalls nach Blois zurückkehren wollen, zumal sie dem Versprechen der Kapitäne alsbald wiederzukehren mißtraute — mit gutem Grund: hören wir doch, daß in dem zu Blois gehaltenen Kriegsrat, wohl unter dem Einfluß des Erzbischofs von Reims, des Hauptgegners der Jungfrau am Hofe, die Neigung vorherrschte, man solle heimkehren und die Lothringerin ihrem Schicksal überlassen.[2]) Nach Rücksprache mit Dunois schickte diese einen schon in Blois von ihren schriftkundigen geistlichen Beratern zu diesem Zweck aufgesetzten Brief in französischer Sprache, der unter Hinweis auf den Willen Gottes und die

---

[1]) Boucher, a. a. O. S. 69 u. 103—4.
[2]) Chronique de la Pucelle, Procès IV S. 221.

den Ungehorsam gegen diesen bedrohende Strafe[1]) die Aufforderung zum Abzug enthielt, durch einen Herold in das feindliche Lager.[2]) Er hatte natürlich nicht den erwarteten Erfolg, wurde vielmehr mit Schmähreden und Drohungen beantwortet, der Überbringer aber gegen Kriegsgebrauch festgehalten. Von einem Entsatz von Orléans war also jetzt so wenig die Rede wie bei den Zuzügen, die früher schon mehrfach in die Stadt gelangt waren, vielmehr traten die Truppen, die den Transport geleitet hatten, wirklich den Rückmarsch nach Blois an, selbst die von Jean Pasquerel geführte Schar Geistlicher, die voranmarschiert war, schloß sich ihnen an.[3]) Man begreift, daß der Bastard Johanna um jeden Preis zurückhalten wollte: hätte diese sich ebenfalls entfernt, so wäre das Ergebnis des Unternehmens enttäuschend dürftig gewesen. Denn Proviant- und Munitionszüge waren auch sonst schon mehrfach in die Stadt gelangt, sodaß ihnen einen neuen folgen zu lassen füglich nicht für eine außerordentliche Leistung gelten konnte. Den davon zu fürchtenden Eindruck zu vermeiden hat Dunois Johanna zum Bleiben bestimmt. Daß diese sich fügte, machte auf ihn einen günstigen Eindruck: er bekennt nun erst Zutrauen zu ihr gefaßt zu haben. Die Bürger von Orléans aber begrüßten sie bereits als von Gott gesandte Retterin und nahmen sie mit entsprechenden Ehren auf.[4]) Überraschen könnte dabei die Anpassungsfähigkeit, mit der Johanna sich in die neue Situation fand und sie als etwas Selbstverständliches hinnahm. Auch bei angeborener ungewöhnlicher Gewandtheit muß sie von ihrer Umgebung gut beraten und geschickt geleitet worden sein, um sich so anstoßlos in die neuen Verhältnisse zu finden. Doch scheint in dieser

---

[1]) Vgl. Prutz, Die Briefe der Jungfrau von Orléans, a. a. O. S. 11 ff.

[2]) Aussage des damals in Orléans anwesenden Jean Lullier, Procès III S. 23. Vgl. Journal du siège S. 79 und Chronique de la Pucelle S. 220—1.

[3]) Ayroles IV S. 225.

[4]) Procès III S. 6. Vgl. die Aussagen von Simon Beaucroix, ebd. S. 78 und Jean d'Aulon S. 211.

auch mancher bestrebt gewesen zu sein, sein eignes Interesse wahrzunehmen und den Glanz, der Johanna umgab, für sich auszunutzen. Denn nach Ausweis der städtischen Rechnungen von Orléans erhielten nicht bloß die Begleiter der Jungfrau, „die nichts hatten, um ihren Hunger zu stillen", aus Mitteln der Stadt eine Beihülfe, sondern wurde auch deren Bruder Jean sowohl Unterhalt als auch eine standesgemäße Ausstattung gewährt. Er und sein Bruder Pierre bekamen ferner auf städtische Kosten Schuhe und Gamaschen und schließlich ein Ehrengeschenk von je drei Goldstücken, die erst um schweres Geld beschafft werden mußten. Man gewinnt doch den Eindruck, als habe die angeblich ja nicht unbemittelte Familie d'Arc das überraschende Glück ihrer Tochter und Schwester skrupellos benutzt, um sich zu bereichern. Dem alten d'Arc wurde im September 1429 die Heimkehr durch das Geschenk eines Pferdes ermöglicht, und Johannas Brüder haben nachmals die Freigebigkeit des Rates von Orléans mehrfach in Anspruch genommen.[1] Hat doch nach einigen Jahren Jean der Abenteurerin Vorschub geleistet, welche sich für seine dem Feuer entgangene Schwester ausgab, und daraufhin wiederum Unterstützungen aus der städtischen Kasse von Orléans bezogen.[2] Von Johanna selbst wissen wir, daß sie in Orléans ein Haus erwarb. Jetzt wurden die Brüder d'Arc außerdem in dem Hause des Bürgers Theremin Villedart einlogiert, während Johanna mit ihrer nächsten Umgebung in dem des Jacques Boucher blieb, von dessen Frau und Tochter der Sitte der Zeit gemäß respektvoll als Lagergenossin gehalten.[3] Die Kosten trug ebenfalls die Stadt, wie auch die für die Wartung und Fütterung der anderwärts untergebrachten Pferde der Jungfrau. Auch Wein und gelegentlich ein wohlschmeckender Fisch sind dieser von der Stadt geliefert, des-

---

[1] Vgl. Procès V S. 141; S. 259—60 und auch Champollion-Figeac, Louis et Charles Ducs d'Orléans S. 367—8 und France II S. 29 ff.

[2] Vgl. Prutz, Die falsche Jungfrau von Orléans, a. a. O. S. 8.

[3] France I S. 316.

gleichen Stoff, um sich Nesseln, das Abzeichen der Getreuen des Herzogs von Orléans, auf ihre Kleidung nähen zu lassen.[1]

Diesen Ehrenbezeugungen, welche die Bürgerschaft der Abgesandten des Himmels erwies, entsprach freilich die Stellung nicht, welche diese in militärischen Dingen einnahm. Während sie nach der Legende alsbald die Leitung des Kampfes gegen die Engländer in der Hand gehabt hätte, enthalten die Aussagen der an den folgenden Ereignissen mithandelnd beteiligten Personen mehr als einen Zug, nach dem das tatsächlich nicht so gewesen sein kann. Vielmehr hat es anfangs offenbar an dem rechten Zusammenwirken zwischen Johanna und den bisher die Verteidigung leitenden Kapitänen gefehlt. Der Verlauf scheint ungefähr der gewesen zu sein, daß letztere in begreiflichem Mißtrauen die Lothringerin von einem bestimmenden Anteil an den Operationen möglichst ausschlossen, während die Masse der städtischen Bevölkerung den Kampf von ihr geleitet sehen wollte und damit unter dem Eindruck von deren ersten Erfolgen auch durchdrang.

Als Augenzeuge berichtet Louis de Contes, ein Genosse des greisen Marschalls de Gaucourt, am Morgen des 30. April habe Johanna sich zu einer Besprechung mit Dunois begeben, sei aber in hellem Zorn heimgekehrt, weil jener von einem sofortigen Angriff auf die Engländer nichts wissen wollte.[2] Dafür wird ein so bewährter Krieger wohl seine guten Gründe gehabt haben. Sie liegen zudem auf der Hand: noch während der Nacht hatte Marschall Broussart mit seinen Leuten die Stadt verlassen, um den von Blois her erwarteten Verstärkungen entgegenzuziehen und sie sicher durch die englischen Stellungen zu geleiten, und Dunois selbst war im Begriff das Gleiche zu tun. So ging Johanna wenigstens bis zu der äußersten Verteidigungslinie und richtete an die Engländer drüben die Aufforderung zum Abzug mit den üblichen Drohungen für den Fall des Bleibens. Jene blieben die Antwort nicht schuldig, sondern ergingen sich in gemeinen Schimpfreden gegen

---

[1] Procès V S. 259—60.   [2] Ebd. III S. 68.

sie. Im übrigen blieb zunächst alles ruhig, während Johanna die Zuversicht geäußert haben soll, auch die den von Blois her erwarteten Truppen entgegengezogenen Mannschaften wohlbehalten zurückkehren zu sehen. Dann legte sie sich — so berichten die genannten Augenzeugen — zur Ruhe nieder, und ihre Gefährten taten das Gleiche. Plötzlich sei sie aufgefahren, habe ihr Lager jählings verlassen mit dem Rufe: „Im Namen Gottes. Unsere Leute haben schwere Arbeit!" oder — so stellt Louis de Contes die Sache dar — diesen angeherrscht: „Unglücksknabe, warum sagst du mir nicht, daß französisches Blut vergossen wird?" Stürmisch habe sie ihre Waffen verlangt, bei deren Anlegung Bouchers Frau und Tochter ihr dienstfertig halfen, ihr Pferd vorzuführen befohlen, und im Aufsteigen ihr Banner, das im oberen Stockwerk verwahrt war, sich durch das Fenster herabreichen lassen.[1]) So ist der einfache, durchaus natürliche Verlauf dieser Szene, des ersten Eintretens Jeanne d'Arcs in eine militärische Aktion. Der Legende genügte er nicht: woher wußte Johanna von dem inzwischen entbrannten Kampf vor der Stadt? Sie machte aus der Zuversicht auf die Ankunft der erwarteten Truppen eine Voraussagung derselben und ließ Johanna auch von dem Kampf, dessen in die Stadt dringender Lärm sie geweckt hatte, auf übernatürlichem Wege Kenntnis erhalten. Entgegen der von dem Bastard am Morgen der Jungfrau gegebenen Erklärung, man wolle an diesem Tag Ruhe halten, war nämlich La Hire, der Typus des verwegenen Berufssoldaten jener Zeit, mit etlichen anderen Kapitänen doch ausgezogen und hatte ein zwei Pfeilschüsse weit nördlich vor der Stadt gelegenes englisches Werk bei Saint Pouaire angegriffen und genommen. Die Kunde davon erfüllte die Stadt mit freudiger Bewegung, zumal der Ruf ertönte, man möge schnell Holz und Reisig herbeischaffen,

---

[1]) Ebd. S. 68—9 und S. 78—9. Louis de Contes wirft freilich die Vorgänge vom 30. April irrigerweise zusammen mit denen vom 4. Mai, indem er von einem Scharmützel bei St. Loup und von dessen Einnahme spricht, während es sich am 30. April um ein Gefecht im Norden der Stadt bei St. Pouaire handelte.

um das Werk niederzubrennen, und lärmend strömte die Menge dem Tore zu.¹) Das die Stadt erfüllende Getümmel weckte Johanna: was es bedeutete, konnte nicht zweifelhaft sein. Daß sie dahin gehörte, wo französisches Blut floß, war zweifellos. Bald sprengte sie, von den Ihren gefolgt, dem Schauplatz des Kampfes zu. Von irgend welchem Wunder findet sich bei alledem keine Spur. Wohl aber lehrt der Vorfall, daß die bisher in Orléans befehligenden Kapitäne keine Lust hatten der Jungfrau Platz zu machen: offenbar hatten La Hire und seine Genossen durch die Beschäftigung der Engländer dem erwarteten Zuzug den Einmarsch in die Stadt erleichtern wollen. Das wurde denn auch erreicht.

Ganz ungezwungen, einander ergänzend und erläuternd fügen sich die Aussagen der damals bei Johanna befindlichen und an den fraglichen Vorgängen beteiligten Persönlichkeiten über den Verlauf des 30. April zu dem hier gegebenen Bilde zusammen. Dennoch hat der jüngste französische Biograph Johannas, Anatole France, an seine Stelle ein Phantasiegemälde gesetzt, nach dem es sich bei dem Ausfall gegen Saint-Pouaire um eine eigenmächtige Unternehmung der mit dem Zögern der Kapitäne unzufriedenen tatenlustigen Menge gehandelt haben soll, mit der diese sich dem Regiment des kriegerischen Adels und seiner Soldateska entziehen wollte. Davon weiß keiner jener Zeugen etwas, auch steht der weitere Verlauf der Dinge während der nächsten ereignisreichen Tage damit in Widerspruch, wie gleich die Tatsache, daß noch am Abend des 30. April Johanna gemeinsam mit Dunois bei dem englischen Feldherrn energische und erfolgreiche Schritte tat zur Befreiung ihres widerrechtlich zurückgehaltenen Herolds.²) Sonst sah diese sich auch die nächsten Tage noch zur Untätigkeit verurteilt. Am 1. Mai zog Dunois den von Blois erwarteten Mannschaften entgegen. Täuschte Jean d'Aulon sein Gedächtnis nicht, so geleitete die Jungfrau ihn vor die Tore zur Deckung gegen einen englischen Angriff.³) Dabei mag

---

¹) Journal du siège S. 78. ²) Ebd. S. 79.
³) Ebd. und Procès III S. 211.

es denn auch zu dem im Journal du siège erwähnten zweiten Gespräch mit den englischen Feldherrn gekommen sein,[1]) das wiederum in Schimpfen und Schmähreden bestanden haben dürfte.

Mit wachsender Ungeduld wartete die Menge auf die verheißenen Taten der Abgesandtin Gottes. Neugierig strömte sie nach dem Hause des herzoglichen Schatzmeisters bei der Porte Renard und umstand dasselbe dichtgedrängt, um das Wundermädchen zu Gesicht zu bekommen, ja zuweilen schien sie den Eintritt erzwingen zu wollen. Ihre Schaulust zu befriedigen und ihre Zuversicht rege zu erhalten, unternahm Johanna schließlich in Begleitung einiger Ritter und Knappen einen Umritt durch die Stadt. Wo sie sich zeigte, strömte das Volk zusammen, sodaß sie kaum vorwärts kam. Man staunte, wie gut sie im Sattel saß und wie elegant sie ihr Pferd lenkte, wie der Berichterstatter bereits bei der Schilderung ihres Einzugs in Orléans bemerkt hatte.[2]) Ähnliches wiederholte sich am 2. Mai, als sie hinauszog, um die Angriffswerke der Engländer zu besichtigen, namentlich als sie zurückkehrte und sich in die Kirche Sainte-Croix begab, um die Vesper zu hören.[3]) Bei solchen Gelegenheiten dürfte sie dann wohl auch die mahnenden Worte an die Menge gerichtet haben, die Jean Lullier von ihr gehört haben will, man möge Gott vertrauen und nicht an der Rettung aus der Hand der Feinde zweifeln.[4]) Auch kamen am 3. Mai beträchtliche Verstärkungen aus Montargis, Gien, Chateaurenard, Chateaudun und dem Gatinois, gut ausgerüstete Leute, und von der Beauce her der Marschall von Saint-Sevère, von den Engländern ungehindert. Noch an diesem Tage wurde bei Fackelschein eine Prozession gehalten, um die Gnade des Himmels für den nun nahenden Entscheidungskampf zu erflehen.[5]) Am Morgen des 4. Mai hielt dann

---

[1]) Journal du siège S. 80: Le mesme jour parla de rechef la Pucelle aux Anglois.

[2]) Vgl. oben S. 72.   [3]) Journal du siège S. 81.   [4]) Procès III S. 24.

[5]) Vgl. die Stadtrechnungen Procès V S. 259 mit dem Aufwand für die dabei gebrauchten Fackeln.

auch Dunois mit den von Blois her erwarteten Mannschaften, denen er entgegengegangen war, mit fliegenden Fahnen seinen Einzug. Wie hoch die Zahl der Verteidiger von Orléans durch diese Verstärkungen gestiegen sein mag, läßt sich nicht mit Sicherheit sagen. Ganz phantastisch ist die spätere Angabe Johannas, es seien im ganzen 10—12000 Mann in Orléans eingezogen.[1]) Jedenfalls aber müssen die Verteidiger der Stadt den Engländern jetzt beträchtlich überlegen gewesen sein, zumal diese ihre Leute in die dreizehn die Stadt umgebenden Bastillen verteilt lassen mußten und nicht ohne weiteres zusammenwirken konnten. Freilich sollte ein neues englisches Heer unter Lord Fastolf im Anmarsch sein, die Loire herabziehend den Belagerern Proviant und Kriegsgerät zuzuführen. Nach der Aussage Jean d'Aulons äußerte die Jungfrau ihre Freude über den Anmarsch der Feinde und soll den Bastard — doch wohl scherzend — mit Enthauptung bedroht haben, falls er sie die Ankunft Fastolfs nicht rechtzeitig wissen ließe. Derselbe Zeuge berichtet weiter, ermüdet habe er sich nachmittag niedergelegt und sei eingeschlafen; die Jungfrau habe ein Gleiches getan, sei dann aber plötzlich beunruhigt aufgefahren und habe auf die Frage, was denn los sei, geantwortet: „Im Namen Gottes! Mein Rat — d. h. ihre Stimmen — hat mir befohlen gegen die Engländer zu ziehen: aber ich weiß nicht, ob ich gegen die Bastillen oder gegen Fastolf ziehen soll." Dann sei sie auf die Straße geeilt, wo die aufgeregte Menge von harter Bedrängnis der Franzosen in einem mit den Belagerern entbrannten Kampf gesprochen habe, habe einem dort zu Pferde haltenden Knappen befohlen abzusteigen und sich in den Sattel geschwungen; die Lanze im Arme sei sie ostwärts nach der Porte de Bourgogne gesprengt. An diesem Bericht, der durch die Aussage einer damals in Orléans anwesenden Frau im wesentlichen bestätigt wird,[2]) überrascht die Ähnlichkeit mit der Szene, die sich am 30. April abgespielt haben sollte, als die Jungfrau aus der mittäglichen Ruhe

---

[1]) Boucher, a. a. O. S. 25—26.   [2]) Procès III S. 123—24.

durch den Lärm aufgeschreckt wurde, den die Kunde von der Wegnahme des englischen Werks bei Saint-Pouaire verursacht haben sollte, und die Bürger zur Niederbrennung desselben eilten. Sollte sich wirklich innerhalb weniger Tage fast ganz der gleiche Vorgang zweimal abgespielt haben? Sollten wir es hier nicht vielmehr mit einem der Fälle zu tun haben, wo die Legende sozusagen parallele Blütenzweige getrieben hat, indem sie einen sachlich gleichgültigen, aber den Eindruck steigernden und die Phantasie anregenden Zug, der in ähnlichem Zusammenhang einmal vorgekommen sein mochte, ohne solche tatsächliche Begründung bei einem ähnlichen wiederkehren läßt? Bemerkenswert ist diese Darstellung der Art, wie Jeanne d'Arc zur Beteiligung an dem wichtigen Kampf vom Nachmittag des 4. Mai kam, auch weil sie von der richtigen Anschauung ausgeht, sie habe denselben weder veranlaßt noch geleitet. Woher sollte die lothringische Bäuerin, die von der Lage der durch sie zu rettenden Stadt doch nur eine ganz schattenhafte Vorstellung haben konnte, Verständnis haben für die örtlichen Verhältnisse der ihr fremden Gegend und im Stande sein den militärischen Wert der einzelnen Werke richtig einzuschätzen und einem Dunois, La Hire, Gaucourt und anderen von sich aus den Punkt bezeichnen, wo dem englischen Angriff zunächst entgegengetreten und der Entsatz der Stadt eingeleitet werden mußte? Es ist eine völlig unwissenschaftliche Liebedienerei gegen künstlich großgezogene nationale Vorurteile, wenn man der Nachwelt einreden will, Jeanne d'Arc sei durch die Anweisungen ihres „Rates"[1]) zu einer Meisterin der Taktik und Strategik geworden. Hat sie doch gerade in bezug auf das hier in Rede stehende Unternehmen nach Jean d'Aulons Aussage vielmehr bekannt, gegen die Engländer zu ziehen habe ihr „Rat" ihr zwar befohlen, doch nicht gesagt, ob sie sich gegen die Bastillen oder gegen das unter Fastolf nahende Heer wenden solle. Schon damit ist der ihr von der Legende angedichtete leitende Anteil an der am Nach-

---

[1]) Procès III S. 78—79.

mittag des 5. Mai erfolgenden Erstürmung der Bastille Saint-Loup unvereinbar. Vielmehr hat sich diese, was Johannas Beteiligung betrifft, wohl ganz ähnlich abgespielt, wie einige Tage vorher die Wegnahme des Werkes bei Saint-Pouaire. Wieder haben die Leiter des Unternehmens die Jungfrau von ihrem Vorhaben nicht in Kenntnis gesetzt und nicht zur Teilnahme aufgefordert, das heißt sie haben sie von jedem Anteil an der Befehlführung ausgeschlossen. Daher wird auch der Erfolg, der endlich eine günstige Wendung in dem Schicksal der Stadt einleitete, nicht als Ruhmestitel für sie in Anspruch genommen werden dürfen. Dieser Sachverhalt wird auch aus den den Ereignissen am nächsten stehenden zeitgenössischen Quellenangaben erkennbar, sobald man sie genau nimmt und unabhängig von der später entwickelten Tradition auffaßt.

Etliche Kilometer östlich von Orléans, an der nach Burgund führenden Straße lag das stattliche Cisterzienser-Nonnenkloster Saint-Loup, damals freilich noch nicht, wie heute, unmittelbar an der Loire, deren später veränderter Lauf in jener Zeit noch weiter gegen Süden ausbog.[1]) Unter Benutzung der zugehörigen Gebäude, auch der Kirche, hatten die Engländer daraus eine ihrer wichtigsten Bastillen gemacht: sie beherrschte den Zugang zur Stadt und sicherte ihnen die Verbindung nach rückwärts. Der Angriff auf Saint-Loup war demnach das Nötigste und Wichtigste, was zum Entsatz von Orléans unternommen werden konnte. Wer ihn befohlen und geleitet hat, ist nicht bestimmt überliefert: daß die Jungfrau ihn nicht veranlaßt haben kann, geht aus der geschilderten Szene hervor. Daß sie dabei den Befehl geführt, sich zuerst kriegerisch betätigt habe, ist eine Fiktion späterer Zeit. Vielmehr gingen die verantwortlichen Kapitäne ohne sie zu Werk, ließen sich aber ihre im weiteren Verlauf eintretende Mitwirkung gefallen, zumal sie dabei die Erfahrung machten, daß sie auch ohne mit zu fechten, allein durch ihre Anwesenheit Nutzen stiftete, indem sie ihre Leute zu ungewöhnlichem

---

[1]) Ayroles III S. 33.

Kampfesmut begeisterte, die Gegner aber befing und entmutigte.[1])

Steht also fest, daß die Jungfrau den Angriff auf Saint-Loup nicht von Anfang an mitgemacht hat[2]) und auch an seiner Vorbereitung nicht beteiligt war, so ist damit zugleich erwiesen, daß die bisherigen Leiter der Verteidigung Johanna, von der man zudem wußte, daß auch am königlichen Hofe allerlei Zweifel gegen sie laut geworden waren, trotz der zu ihren Gunsten aufwogenden Volksstimmung beiseite schoben. Daß man den Beginn dieses ersten, Johannas Ansehn begründenden Kampfes nachmals so darstellte, als habe sie ihn nicht bloß von Anfang an mitgemacht, sondern veranlaßt, ist begreiflich, zumal von dem Kreise, der sich Johanna alsbald vertrauensvoll anschloß, wie der des Herzogs von Alençon. So läßt auch Perceval de Cagny, dessen Denkwürdigkeiten, wo sie auf Augenzeugenschaft beruhen, durch Unbefangenheit und Sachlichkeit besondern Wert haben, in diesem Falle, wo er nur von Hörensagen berichtet, die Jungfrau die Kapitäne versammeln und ihnen für den Angriff auf Saint-Loup die nötigen Weisungen erteilen,[3]) und Jean Pasquerel schreibt die Unternehmung ebenfalls einer Anregung Johannas zu, im Widerspruch mit der auch von ihm, freilich etwas modifiziert wiedergegebenen Szene ihres plötzlichen Rufes nach den Waffen.[4]) Dagegen läßt ein angesehener Bürger von Orléans, der Notar und Schöffe Guillaume Girault, in seiner kurzen Aufzeichnung über die Ereignisse, die er in nächster Nähe mit erlebt hatte, Saint-Loup einfach genommen werden „in Gegenwart und mit Hilfe der Pucelle", schreibt dieser also eine hervorragende Rolle dabei nicht zu.[5]) An ein tätiges Eingreifen derselben

---

[1]) Vgl. Gestes des nobles François bei Ayroles III S. 63 a. E.
[2]) So auch die Chronique de la Pucelle, Procès IV S. 223.
[3]) Perceval de Cagny S. 113: ..... la Pucelle appelle les capitaines et leur ordonne . . . . .
[4]) Procès III S. 106: . . . . ipsa Johanna instante iverunt ad invadendum . . . .
[5]) Procès IV S. 282: . . . . présent et aidant Jeanne la Pucelle . . . .

in den Kampf wird auch nicht zu denken sein bei der Angabe des Perceval de Cagny, sie sei nur mit einigen Leuten hinzugekommen und habe während des Sturms mit ihrem Banner an dem Graben gestanden[1]): erschreckt hätten die Engländer kapitulieren wollen, doch habe Johanna das abgelehnt, um sich des Werkes gewaltsam zu bemächtigen. Zudem geben mehrere Quellen die Stärke der gegen die Bastille ausgerückten Mannschaften auf 1500 „Gensdarmes", das ist Berufssoldaten, und bewaffnete Bürger an, während die Besatzung nach den einen 300, nach den andern 400 Mann betrug. Dazu stimmen auch die Angaben über die englischen Verluste.[2]) Einen Versuch der Belagerer, durch einen Angriff an der Nordfront von Saint-Pouaire aus ihren Kameraden in Saint-Loup Luft zu machen, vereitelte ein Ausfall der Bürger.[3]) Schließlich legten die Angreifer an die aus Holz hergerichteten englischen Werke Feuer, das auch den Glockenturm und die Klostergebäude ergriff und den dorthin geflüchteten Verteidigern den Untergang brachte. Nur Einzelne retteten sich in die benachbarte Kirche und entkamen in schnell angelegten geistlichen Gewändern, da Johanna aus Ehrfurcht vor der geistlichen Tracht sie anzurühren verbot, wie sie auch streng die Kirche und ihre Ausstattung schützte. Dazu würde es auch stimmen, wenn Johanna nach der Angabe Jean Pasquerels den Tod so vieler Engländer vor allem deshalb beklagte, weil sie ihr Leben hatten lassen müssen, ohne vorher gebeichtet zu haben.[4]) So befahl sie denn auch, vom nächsten Tage an sollte keiner ihrer Leute zum Kampf ausziehen, ohne sich vorher durch die Beichte auf den Tod vorbereitet zu haben, und erklärte, wenn man dieser ihrer Weisung nicht Folge leiste, werde sie das Heer verlassen.[5])

---

[1]) A. a. O.: . . . . la Pucelle prit son estandart et vint se mettre sur le bort des fossez.

[2]) Journal du siège S. 81 u. 82.

[3]) Vgl. die Zusammenstellung der in den verschiedenen Berichten sich findenden Zahlen bei France I S. 338 Anm.

[4]) Procès III S. 106.   [5]) Ebd. S. 106—7.

Eigentümliche Schwierigkeiten ergeben sich bei dem Versuche festzustellen, was eigentlich an dem Tage geschehen ist, welcher der Einnahme von Saint-Loup folgte, dem 5. Mai. Zwischen den Angaben der im Mittelpunkt der Ereignisse stehenden, zum Teil handelnd daran beteiligten Augenzeugen bestehen Unklarheiten und Widersprüche, von denen auffallenderweise auch die neueren Geschichtsschreiber Jeanne d'Arcs keine Notiz genommen haben.

Der 5. Mai war der Himmelfahrtstag. Deshalb hätte nach Jean Pasquerel die Jungfrau am Abend des 4. Mai, wo der Fall von Saint-Loup durch einen Dankgottesdienst und Prozessionen gefeiert wurde,[1]) erklärt, wegen der Heiligkeit des Tages wolle sie nicht kämpfen und auch die Waffen nicht anlegen.[2]) Auch Perceval de Cagny haben seine Gewährsmänner mitgeteilt, am 5. Mai sei nichts unternommen worden.[3]) Dagegen setzt der damals ebenfalls in Orléans anwesende Simon Beaucroix den Angriff auf die links von der Loire gelegene Bastille Saint-Jean-le-Blanc, die Einleitung zu dem Sturm auf das englische Brückenfort Les Tourelles, augenscheinlich bereits auf den 5. Mai,[4]) und das Gleiche tut der selbst im Gefolge der Jungfrau befindliche Jean d'Aulon.[5]) Zudem steht fest, daß die Franzosen, als sie vor Saint-Jean-le-Blanc erschienen, dieses bereits geräumt fanden: die Engländer hatten sich ein Stück den Fluß abwärts in das Werk zurückgezogen, das in dem Augustinerkloster dicht vor Les Tourelles errichtet war. Zu einem Kampfe wäre es also nicht gekommen, auch wenn der Marsch auf Saint-Jean-le-Blanc schon am 5. ausgeführt wäre, und die Angaben Jean Pasquerels und Percevals de Cagny würden insofern den Tatsachen entsprechen. Nun berichtet aber das seinem Grundstock nach den Ereignissen gleichzeitige Journal du siège zum 5. Mai die Abhaltung eines Kriegsrats von Dunois, der Marschälle Saint-Sevère,

---

[1]) Gestes des nobles François bei Ayroles III S. 613 a. E.
[2]) Procès III S. 107.
[3]) Chronique de Perceval de Cagny ed. Moravillié S. 144.
[4]) Procès III S. 79.   [5]) Ebd. S. 214.

Gilles de Rays, Gaucourt, La Hire und anderer mit Johanna, um über die zu ergreifenden Maßregeln schlüssig zu werden: man habe sich dahin geeinigt, am nächsten Tage, dem 6. Mai, einen Angriff auf Les Tourelles zu unternehmen.¹) Auf einen solchen Beschluß deutet auch Jean d'Aulon hin.²) Aber beide Quellen räumen der Jungfrau dabei keinen besonderen Einfluß ein, wissen auch nichts davon, daß die Vorbereitungen zur Ausführung des Planes von ihr angeordnet seien, die Leitung also in ihrer Hand gelegen habe. Vielmehr sagt das Journal ausdrücklich, die Kapitäne hätten die nötigen Befehle gegeben.³) Nach der Stellung, die Jeanne d'Arc bisher in Orléans eingenommen hatte, war dies auch nur das Natürliche. Die Legende dagegen hat sie früh als die Leiterin der militärischen Unternehmungen dargestellt, scheint dabei aber auf Widerspruch gestoßen zu sein, namentlich bei dem kriegerischen Adel, der die Verdienste, die sich seinesgleichen um die Rettung von Orléans erworben hatte, nicht einfach auf Rechnung der Volksheldin gesetzt sehen wollte. Das lehrt namentlich der Bericht, den die Gestes des nobles François von den Ereignissen des 5. Mai geben: er spricht der Jungfrau in sehr wesentlichen Punkten das von der Tradition für sie in Anspruch genommene Verdienst mit einer gewissen Absichtlichkeit ab. Nach ihm hätte sie, um die Engländer zum Abzug zu nötigen, am 5. Mai vorgeschlagen, deren Stellung bei Saint-Laurent anzugreifen, den festesten Punkt der Angriffslinien, sei damit aber nicht durchgedrungen, nicht bloß wegen der Heiligkeit des Tages, sondern namentlich weil es doch darauf ankäme, die Verbindung mit dem linken Loireufer und der Sologne wiederzugewinnen, um die Heranziehung von Verstärkungen von Berry her zu ermöglichen. Darüber sei es an diesem Tage überhaupt zu nichts gekommen, zum großen Mißvergnügen Johannas.⁴) Hier wird also, was sonst als Beweis

---

¹) Journal du siège S. 82—3.
²) Procès III S. 213 a. E.: „fut conclus entre eulx".
³) Journal S. 83: „et pour ce fut par les capitaines commandé..."
⁴) Ayroles III S. 613—14.

für die Frömmigkeit der Jungfrau angeführt wird, der Verzicht auf den Kampf an einem Feiertag, vielmehr den Kapitänen als Verdienst angerechnet. Daß diese und die Ritterschaft an der Lothringerin, in der die Menge die zu ihrer Rettung gesandte Himmelsbotin sah, mancherlei auszusetzen hatte, geht übrigens auch aus einer höchst charakteristischen kritischen Bemerkung hervor, die Jean Chartier einmal macht, der erste zeitgenössische Geschichtsschreiber Karls VII., ein wohlunterrichteter Mann, der seine Informationen vielfach aus höfischen Kreisen erhielt. Er schildert mit einer Ausführlichkeit,[1]) welche, in der Sache nicht begründet, auf eine besondere Absicht schließen läßt, wie der Bastard von Orléans und die andern Kapitäne Kriegsrat zu halten pflegten, ohne Johanna zuzuziehn, diese aber, nachträglich um ihre Meinung gefragt, niemals den gefaßten Beschlüssen widersprochen, sondern denselben als den ihr gewordenen Offenbarungen entsprechend zugestimmt habe. In diesem Fall aber habe sie den Beschluß des Kriegsrats, der ihr nachträglich und nicht gleich vollständig mitgeteilt sei, mit Unwillen aufgenommen, schließlich jedoch sich gefügt, im übrigen aber nicht selten den Unmut der Kapitäne erregt, weil sie sich auf eigne Hand in Scharmützel einließ, indem sie „in voller Rüstung wie ein zum Hof gehöriger Ritter" auf die Feinde einsprengte. Ganz so, wie es ihr hier zum Vorwurf gemacht wird, schildert Jean d'Aulon[2]) das eigenmächtige Vorwärtseilen Johannas und La Hires bei der Einleitung des Angriffs auf die Bastille bei dem Augustinerkloster und Les Tourelles.

Der Verlauf der Ereignisse der beiden folgenden Tage, des 6. und 7. Mai, die zum Abzug der Belagerer am 8. Mai führten, steht im wesentlichen fest: aber auch da finden sich in Bezug auf Einzelheiten zwischen den Angaben der zeitgenössischen Quellen Abweichungen und Widersprüche, welche für die Sache zwar ohne entscheidende Bedeutung sind, doch beweisen, wie

---

[1]) Jean Chartier, Histoire de Charles VII, roi de France, ed. Vallet de Viriville I S. 74—6.

[2]) Procès III S. 214.

verschieden damals selbst in den Kreisen der Nächstbeteiligten die Jungfrau aufgefaßt und ihr Wirken beurteilt wurde, und daß da gewisse Strömungen miteinander stritten, von denen jede die werdende Tradition in ihrem Sinne zu beeinflussen suchte. Sie betreffen in erster Linie wiederum die Frage nach der Leitung der von so glänzendem Erfolge gekrönten Operationen: je nach der Vorstellung, die der Berichterstatter davon hat, wird auch sonst noch der eine oder andere Punkt von ihm in einem andern Lichte gesehen und demgemäß dargestellt. Man erhält da vollends den Eindruck, als hätten bei Feststellung des von der Tradition zu rezipierenden Bildes gewisse Tendenzen einander gegenübergestanden, in denen sich die Gegensätze wiederholten, die, während die Dinge geschahen, miteinander gerungen und die günstige Entwicklung mehr als einmal, wenn nicht gerade in Frage gestellt, so doch erschwert und verzögert hatten.

Bemerkenswert ist da zunächst wiederum die Stellung des Journal du siège. Daß ein Tagebuch, welches die Ereignisse in Orléans vom 12. Oktober 1428 bis zum 8. Mai 1429, während sie geschahen, verzeichnete, das Auftreten Johannas in Lothringen und am Hofe erst nachträglich bei der Überarbeitung der ursprünglichen Notizen behandeln konnte, die darauf bezüglichen Angaben also als späteren Einschub kenntlich machen mußte, war natürlich. Begreiflich ist es ferner, daß die tapferen Männer, welche Orléans Monate hindurch verteidigt hatten, das Erscheinen der lothringischen Bäuerin mit ihrem psalmodierenden Gefolge von Buße predigenden Geistlichen und eifernden Mönchen trotzdem ihr voraufgegangenen Ruf zunächst mit Befremden und nicht ohne ernste Zweifel an dem Ausgang beobachteten. Von Begeisterung für dieselbe, wie sie infolge der seit Wochen hoch gespannten Erwartung und unter dem Eindruck ihres theatralisch zurecht gemachten Einzugs in der Menge sich regte, zeigte sich in diesem Kreise keine Spur. Zwar ließ man ihren Einfluß auf die Masse nicht unbenutzt, hütete sich aber wohlweislich ihrem ungeduldigen Drängen auf einen sofortigen Entscheidungskampf nachzugeben. Sie blieb von den Beratungen der Kapitäne ausgeschlossen; die von diesen vereinbarten Unternehmungen führte man aus, ohne sie davon zu benachrichtigen, so daß sie erst durch das Getöse des Kampfes und die in der Stadt entstandene Unruhe davon Kunde erhielt und hinzueilen konnte, oder weihte sie in die entworfenen Pläne nur teilweise ein. Das mußte zwischen Jeanne d'Arc und den bisherigen Leitern der Verteidigung Gegensätze hervorbringen, wie sie bei den Ereignissen des 6. und 7. Mai zutage getreten zu sein scheinen und wie sie auch die Überlieferung widerspiegelt. Wie wäre es sonst wohl zu erklären, daß das wohlunterrichtete und streng sachlich gehaltene Journal du siège abweichend von allen andern Quellen die Rettung der Stadt nicht Johanna zuschreibt, sondern der Intervention von zwei Lokalheiligen? In der nach heißem, den ganzen Tag dauernden Ringen geglückten Erstürmung von Les Tourelles sieht es, ganz in der Denkweise des waffenfrohen Rittertums der Zeit, das den Tod jedes vornehmen Gegners als einen finanziellen Verlust beklagte, weil das im Fall seiner Gefangennahme zu hoffende Lösegeld wegfiel,[1] „eine der schönsten Waffentaten, die seit langer Zeit geschehen",[2] führt sie zurück auf ein Wunder, das Gott auf Fürbitte der beiden Schutzheiligen von Orléans, Saint-Aignan und Saint-Evurtre, getan, und sieht den Beweis dafür darin, daß die Engländer geglaubt hätten immer neue Massen heranstürmen zu sehen. Daß weiterhin auch der Jungfrau ein Anteil an dem Erfolge beigemessen wird, läßt den Bericht nicht weniger befremdlich erscheinen, zumal das Eingreifen der beiden Heiligen als allgemein geglaubt bezeichnet wird.[3] Auf eine ähnlich niedrige Einschätzung des von der Jungfrau Geleisteten weist es hin, wenn, wie erwähnt, Guillaume Girault den Anteil derselben mit den Worten abtut, sie sei bei der Rettung der Stadt durch des Königs

---

[1] S. 87 a. E.: qui (was, d. i. der Tod der englischen Ritter in Les Tourelles durch Ertrinken) fut grand dommaige des vaillants François, qui pour leur rançon eussent pu avoir grant finance.

[2] Ebd. S. 88: .... que c'est un des plus beaulx fais d'arme qui eust esté faict long temp par avant.

[3] Ebd.: selon la commune opinion.

Leute und die Bürger „zugegen gewesen und habe dabei geholfen".[1]) Dazu genügte es freilich, daß sie, wie die Augenzeugen Dunois, Louis de Contes und Jean Lullier berichten, mit ihrem wundertätigen Banner am Rand des Grabens stand und den Stürmenden Mut einsprach.[2]) Soll sie doch den Augenblick, wo ihr Banner den Wall berühren würde, als den des Sieges bezeichnet haben.[3]) Überhaupt scheint sie damals sich des unmittelbaren Anteils am Kampf, des Dreinschlagens enthalten zu haben, was freilich die Möglichkeit einer Verwundung nicht ausschloß. Von einer solchen berichten die Quellen mehrfach. Ein Pfeilschuß soll sie während des Sturms auf die Bastille bei dem Augustinerkloster am 6. Mai zwischen Schulter und Nacken getroffen haben, während sie nach einer vereinzelten Angabe schon vorher am Fuß verwundet worden wäre.[4]) Von jener sagt Dunois, Johanna habe ihrer nicht geachtet, sondern sei auf ihrem Posten geblieben, Pasquerel dagegen läßt sie gar nicht heldenhaft weinen und klagen und sich erst allmählich beruhigen, um die zudringliche Neugier der dem Verbinden zusehenden Soldaten mit frommen Worten abzuwehren. Dagegen wollen Spätere wissen, sie sei nach Empfang der Wunde erblaßt, habe sich aber nicht beiseite führen lassen.[5]) Aber auch noch in anderer Richtung wurde das damit gegebene Motiv ausgenutzt: in der Chronik von Tournay, welche die offiziösen Berichte benutzte, die vom Hofe verbreitet wurden, findet sich eine auffallende Ausmalung des Zwischenfalls. Die Jungfrau, heißt es da, sei über die Wunde mehr erfreut als erschreckt gewesen und habe, während sie sich den Pfeil auszog und etwas Leinwand und Olivenöl auflegte, zu ihrer Umgebung gesagt: Jetzt ist es um die Macht der Engländer vollends geschehen, denn die Wunde ist das Zeichen ihrer Verwirrung

---

[1]) Procès IV S. 282.
[2]) Ebd. III S. 8 a. E., 25 u. 70 a. E. und Perceval de Cagny S. 146.
[3]) Vgl. auch die Aussage von Beaucroix über den gleichen Erfolg bei Les Tourelles, Procès III S. 80. Jean Lullier, ebd. S. 25.
[4]) Chronique de la Pucelle, Procès IV S. 226 a. E.
[5]) Ebd S. 227.

und ihres Elends, das mir von Gott enthüllt ist, das ich bisher aber nicht offenbart habe.¹) Wäre der Zug historisch, so würde er nur von der Geistesgegenwart zeugen, mit der Johanna einen unliebsamen Zwischenfall nutzbar zu machen wußte. Danach habe sie, so heißt es in der Chronik von Tournay weiter, sich alsbald waffnen lassen, ihre Lanze ergriffen und mit ihr in der Hand das Antlitz zum Himmel gewandt sich den Anschein gegeben, als ob sie zu Gott betete: dann sei sie zu den Gewaffneten zurückgekehrt, um ihnen den Punkt zu bezeichnen, wo die Bastille angegriffen werden müßte.²) Und was hat die Legende aus dieser Szene gemacht? Sie läßt die Jungfrau mit ihrem Banner beiseite reiten — obgleich es doch an sich schon sehr unwahrscheinlich ist, daß sie bei einem Sturm zu Pferde gewesen sein sollte! —, absteigen und beten. So erzählt der Redaktor des Journal du siège³) wohl auf Grund eines damals bereits umlaufenden Berichtes, den wir in breiteren Worten in der Chronique de la Pucelle wiederfinden.⁴) Derselbe befängt selbst die Erinnerung Dunois', so daß der Held von einem etwa viertelstündigen Gebet der Jungfrau in einem weit ab von dem Getümmel gelegenen Weinberg wissen wollte.⁵) Sollte vielleicht das Gebet Johannas im Weinberg ein wirksames Seitenstück abgeben zu dem des Heilands in Gethsemane? Weiter soll Johanna die Befreiung von Orléans als binnen fünf Tagen bevorstehend verkündet und beim Aufbruch gegen Les Tourelles erklärt haben, sie werde von dort über die Loirebrücke in die Stadt zurückkehren, was nach alledem freilich wenig bedeutet hätte.

Wie früh der im Grunde so einfache historische Tatbestand mit legendaren Elementen verschiedener Herkunft und verschiedenen Charakters durchsetzt wurde, wird damit erwiesen sein. Zwar betreffen alle diese Zudichtungen mehr das Bild der Jung-

---

¹) Ayroles III S. 623.
²) Chronique de Tournay bei Ayroles III S. 623: „fist semblant faire oraison à Dieu, la face relevée vers le ciel. Et ce fait elle retourna aux gensdarmes et leur remontra un lieu etc. ...."
³) Ebd. S. 86. ⁴) Procès IV S. 428. ⁵) Ebd. III S. 8.

frau persönlich, als das der Kämpfe, denen sie beiwohnte. Aber auch dieses ist früh so umgestaltet worden, daß es der aus politischen Gründen schnell über das berechtigte Maß hinaus gesteigerten Bedeutung der Jungfrau wirksam zur Folie diente. Was da insbesondere von dieser als Leiterin der militärischen Operationen berichtet wird und sie bei ihren modernen Verherrlichern in den Ruf einer großen Taktikerin und Strategin gebracht hat, steht mit den maßgebenden Quellen in Widerspruch. Insbesondere steht fest, daß über die entscheidenden Operationen zwischen ihr und den Kapitänen die ernstesten Differenzen bestanden haben. Wenn die Letzteren schließlich nachgaben, so geschah es nicht, weil sie die militärische Einsicht Johannas als überlegen anerkannten, sondern weil sie mit der populären Bewegung rechnen mußten, die sich für diese geltend machte.

Wenn die Angabe des Perceval de Cagny,[1]) die Jungfrau habe am Abend des kampflos verlaufenen 5. Mai befohlen, in der Frühe des nächsten Morgens sollte sich jedermann bereithalten, den Tatsachen entspräche und nicht bloß später eingetretene Verhältnisse auf diese frühere Zeit übertrüge, so würde daraus zu schließen sein, daß das Verhältnis Johannas zu den Kapitänen schon äußerst gespannt war und ein rechtes Zusammenwirken der in der Stadt befindlichen Berufssoldaten mit der um Johanna gescharten Bürgerschaft kaum zu erwarten stand. Auch bezeugt Louis de Contes, der Aufbruch zum Übergang über die Loire zum Angriff auf Saint-Jean-le-Blanc sei gegen den Willen mehrerer Kapitäne erfolgt[2]) und auch die Chronique de la Pucelle berichtet, der Angriff sei gegen die Absicht und gegen den Willen der königlichen Befehlshaber ausgeführt.[3]) Einen weiteren Einblick in die Spaltung, die in Orléans herrschte, eröffnet die Aussage eines Bürgers der

---

[1]) S. 148.

[2]) Procès III S. 70: „.... contradicentibus pluribus dominis."

[3]) Ebd. IV S. 227 und Ayroles III S. 641: .... contre volonté et opinion de tous les chefs et capitaines, qui estoient du parti du roy.

Stadt,¹) überzeugt von der Gefährlichkeit der von Johanna mit
der Bürgerschaft geplanten Unternehmung, habe der greise
Gaucourt dieselbe mit Gewalt zu hindern gedacht, indem er
die Porte de Bourgogne besetzte, um der Menge den Weg nach
dem Flußufer und den Inseln zu verlegen, über die sie das
andere Ufer zu erreichen suchen mußte.²) Das aber kann
füglich nicht ohne Zustimmung der anderen Befehlshaber geschehen sein. Unter den Verteidigern drohte also ein offner
Konflikt über die Frage, wie die Stadt gerettet werden sollte.
Schon machte am Morgen des 6. Mai die von Kampfbegier
erhitzte Menge Miene, den ihr von Gaucourt verweigerten Ausgang zu erzwingen, als die Jungfrau herbeieilte, den Marschall
mit harten Worten zurechtwies und ihm erklärte, die Bürgerschaft werde hinausziehen, er möge wollen oder nicht, und ihre
Sache so gut wie bisher machen. Lärmend und schreiend drang
die Menge an und wollte den Worten ihrer Führerin die Tat
folgen lassen. Auf dieses Äußerste aber mochte es Gaucourt
denn doch nicht ankommen lassen: um weiteres Unheil abzuwenden und der ihm abgedrungenen Unternehmung zu einem
erträglichen Ausgang zu verhelfen, erklärte er sich bereit, sich
selbst an die Spitze zu stellen.³) Zu den militärischen Fähig-
keiten Jeanne de d'Arcs hatte er also kein Vertrauen. Auch
scheint der weitere Verlauf ihm Recht gegeben zu haben. Zu-
sammengefaßt ergeben die verschiedenen beglaubigten Züge ein
Bild, welches durch den Schleier der beschönigenden Tradition
doch noch erkennen läßt, daß das Zusammenwirken der beiden
an dem Schicksal der Stadt zunächst interessierten Gruppen auch
noch in diesem letzten Stadium des Kampfes viel zu wünschen
übrig ließ.

Nach Überschreitung der Loire und Niederbrennung der
geräumt gefundenen Bastille Saint-Jean-le-Blanc, also etwa um
die Mittagsstunde des 6. Mai, stürmte die bewaffnete Bürger-

---

¹) Simon Charles, Procès III S. 116—17.
²) Aussage des Louis de Contes ebd. S. 70. Chronique de la Pucelle, ebd. IV S. 227.
³) Procès III S. 116—17.

schaft, der die Ritterschaft mit ihren Mannschaften nun notgedrungen folgen mußte, den Fluß abwärts gegen das den Zugang zu der Brücke und dem Brückenfort Les Tourelles sperrende englische Hauptwerk bei dem Augustinerkloster. Johanna mit den Ihren war allen voran, sah sich aber bald von den ihr entgegeneilenden Feinden umdrängt und mußte sich auf die vorsichtig weiter zurückgebliebene Hauptmacht unter den Kapitänen zurückziehen. Daraus hat die Tradition den verstellten Rückzug gemacht, durch den sie die Engländer aus ihrer festen Stellung herausgelockt haben soll. Von der Hauptmacht aufgenommen ging die Bürgerschaft dann mit dieser wieder vor. Bald stand sie vor dem englischen Werk, dessen Besatzung nun abzog. Damit aber war doch erst der kleinere und leichtere Teil der Arbeit getan: die Bewältigung der stärksten englischen Bastille Les Tourelles, welche die zur Stadt führende, nach dieser hin obenein abgebrochene Brücke sperrte, stellte an die Ausdauer der Angreifer die höchsten Anforderungen. Dort setzte der Kampf am Morgen des 7. Mai wieder ein. Auch hier bleibt im einzelnen manches unklar, wie z. B. nach den Einen Johanna die Nacht vom 6. zum 7. Mai in der Stadt,[1]) nach den Anderen draußen auf dem Kampfplatz zugebracht haben soll.[2]) Nur das Eine ist aber auch hier wiederum klar, nämlich, daß zwischen ihr und den Führern der königlichen Truppen ernstliche Meinungsverschiedenheiten bestanden. Als der Tag sich neigte und Les Tourelles, das eine auserwählte englische Mannschaft heldenmütig verteidigte, obgleich sie über die inzwischen notdürftig hergestellte Brücke auch von der Stadt her bestürmt wurde, noch nicht bewältigt war, wollten die Kapitäne den Kampf abbrechen, in die Stadt zurückkehren[3]) und sich auf deren nun wesentlich erleichterte Verteidigung be-

---

[1]) Louis de Contes, Procès III S. 69—70; Perceval de Cagny S. 144—5.

[2]) Chronik von Tournay bei Ayroles III S. 602.

[3]) Aussagen von Dunois, Procès III S. 8—9 und Simon Beaucroix, ebd. S. 73—80. Vgl. Journal du siège S. 88 und Chronique de la Pucelle, Procès IV S. 228.

schränken, bis der zu hoffende Entsatz einträfe.¹) Wieder aber weigerte sich Johanna diesem Beschluß des ohne sie gehaltenen Kriegsrats zu folgen und bestand auf der Fortsetzung des Sturmangriffs, der denn auch schließlich Erfolg hatte.

Daß dadurch die bisher vielfach angefochtene Stellung Johannas eine wesentliche Besserung erfuhr und sie auch gegenüber den Berufssoldaten und ihren Führern größere Autorität gewann, ist begreiflich und erklärt es, wenn Fernerstehende der Meinung waren, sie habe eine solche von Anfang an besessen und auf den Gang der Ereignisse einen Einfluß ausgeübt, wie er dem Oberbefehlshaber zusteht. Die Stellung eines solchen aber hat sie in jenen Tagen tatsächlich nicht inne gehabt. Ihr Verdienst lag vielmehr nur darin, daß sie den sie selbst erfüllenden unbeirrbaren Glauben an den Sieg der königlichen Sache auf die Menge übertrug und auch die anfangs zweifelnden Kapitäne und Berufssoldaten damit erfüllte und dadurch beide trotz mancher Konflikte mit sich fortriß und zu außerordentlichen Leistungen befähigte.

Anders ist, was Johanna geleistet, und das Verdienst, das sie sich dadurch erworben hatte, denn auch an der Stelle nicht eingeschätzt worden, für die der Ausgang der Kämpfe in und bei Orléans vor allem entscheidend und von der aus er daher auf Grund der einander rasch folgenden Meldungen mit fieberhafter Spannung verfolgt worden war. Das geht klar aus dem Briefe hervor, den Karl VII. am 10. Mai von Chinon aus an die Stadt Narbonne richtete, um sie und die anderen treuen Städte von der in seiner Lage so unerwartet eingetretenen glücklichen Wendung zu unterrichten:²) er führt uns unmittelbar in das amtliche Kriegsberichtswesen jener Zeit ein. Auch danach handelte es sich bei dem Zuge nach Orléans zunächst nur um dessen Verproviantierung, nicht um seinen Entsatz: diese, so heißt es da, sei in einer Woche zweimal gelungen. Dann aber wird weiter gemeldet, am 4. Mai sei sogar Saint-

---

¹) Das bezeugt ausdrücklich Pasquerel Procès III S. 108—9.
²) Procès V S. 100 ff.

Loup nach vier- bis fünfstündigem Kampf genommen, und die darin offenbarte Gnade des Himmels gepriesen. Angefügt wird dann die noch vor Schluß des Briefes eingetroffene Meldung der unverhofften Erfolge vom 5. und 6. Mai. Von der Jungfrau aber ist dabei nur nebenher die Rede, indem bemerkt wird, alles das sei nach Angaben eben eingetroffener Teilnehmer am Kampfe geschehen „in ihrer Gegenwart"[1]), von einer Leitung des Unternehmens durch sie oder auch nur einem hervorragenden Anteil ihrerseits daran ist nicht die Rede. So also sah damals der Hof und seine Umgebung die Sache an.

---

[1]) Ebd. S. 103: . . . . laquelle a toujours esté en personne à l'exécution de toutes ces choses.

Bisher im SEVERUS Verlag erschienen:

Achelis. Th. Die Entwicklung der Ehe * **Andreas-Salomé, Lou** Rainer Maria Rilke * **Arenz, Karl** Die Entdeckungsreisen in Nord- und Mittelafrika von Richardson, Overweg, Barth und Vogel * **Aretz, Gertrude (Hrsg)** Napoleon I - Briefe an Frauen * **Ashburn, P.M** The ranks of death. A Medical History of the Conquest of America * **Avenarius, Richard** Kritik der reinen Erfahrung * Kritik der reinen Erfahrung, Zweiter Teil * **Bernstorff, Graf Johann Heinrich** Erinnerungen und Briefe * **Binder, Julius** Grundlegung zur Rechtsphilosophie. Mit einem Extratext zur Rechtsphilosophie Hegels * **Bliedner, Arno** Schiller. Eine pädagogische Studie * **Blümner, Hugo** Fahrendes Volk im Altertum * **Brahm, Otto** Das deutsche Ritterdrama des achtzehnten Jahrhunderts: Studien über Joseph August von Törring, seine Vorgänger und Nachfolger * **Braun, Lily** Lebenssucher * **Braun, Ferdinand** Drahtlose Telegraphie durch Wasser und Luft * **Büdinger, Max** Don Carlos Haft und Tod insbesondere nach den Auffassungen seiner Familie * **Burkamp, Wilhelm** Wirklichkeit und Sinn. Die objektive Gewordenheit des Sinns in der sinnfreien Wirklichkeit * **Caemmerer, Rudolf Karl Fritz** Die Entwicklung der strategischen Wissenschaft im 19. Jahrhundert * **Cronau, Rudolf** Drei Jahrhunderte deutschen Lebens in Amerika. Eine Geschichte der Deutschen in den Vereinigten Staaten * **Cushing, Harvey** The life of Sir William Osler, Volume 1 * The life of Sir William Osler, Volume 2 * **Eckstein, Friedrich** Alte, unnennbare Tage. Erinnerungen aus siebzig Lehr- und Wanderjahren * **Eiselsberg, Anton Freiherr von** Lebensweg eines Chirurgen. * **Elsenhans, Theodor** Fries und Kant. Ein Beitrag zur Geschichte und zur systematischen Grundlegung der Erkenntnistheorie. * **Engel, Eduard** Shakespeare * **Ferenczi, Sandor** Hysterie und Pathoneurosen * **Fourier, Jean Baptiste Joseph Baron** Die Auflösung der bestimmten Gleichungen * **Frimmel, Theodor von** Beethoven Studien I. Beethovens äußere Erscheinung * Beethoven Studien II. Bausteine zu einer Lebensgeschichte des Meisters * **Fülleborn, Friedrich** Über eine medizinische Studienreise nach Panama, Westindien und den Vereinigten Staaten * **Goette, Alexander** Holbeins Totentanz und seine Vorbilder * **Goldstein, Eugen** Canalstrahlen * **Griesser, Luitpold** Nietzsche und Wagner - neue Beiträge zur Geschichte und Psychologie ihrer Freundschaft * **Heller, August** Geschichte der Physik von Aristoteles bis auf die neueste Zeit. Bd. 1: Von Aristoteles bis Galilei * **Helmholtz, Hermann von** Reden und Vorträge, Bd. 1 * Reden und Vorträge, Bd. 2 * **Kalkoff, Paul** Ulrich von Hutten und die Reformation. Eine kritische Geschichte seiner wichtigsten Lebenszeit und der Entscheidungsjahre der Reformation (1517 - 1523), Reihe ReligioSus Band I * **Kerschensteiner, Georg** Theorie der Bildung * **Krömeke, Franz** Friedrich Wilhelm Sertürner - Entdecker des Morphiums * **Külz, Ludwig** Tropenarzt im afrikanischen Busch * **Leimbach, Karl Alexander** Untersuchungen über die verschiedenen Moralsysteme * **Liliencron, Rochus von / Müllenhoff, Karl** Zur Runenlehre. Zwei Abhandlungen * **Mach, Ernst** Die Principien der Wärmelehre * **Mausbach, Joseph** Die Ethik des heiligen Augustinus. Erster Band: Die sittliche Ordnung und ihre Grundlagen * **Müller, Conrad** Alexander von Humboldt und das Preußische Königshaus. Briefe aus den Jahren 1835-1857 * **Oettingen, Arthur von** Die Schule der Physik * **Ostwald, Wilhelm** Erfinder und Entdecker * **Peters, Carl** Die deutsche Emin-Pascha-Expedition * **Poetter, Friedrich Christoph** Logik * **Popken, Minna** Im Kampf um die Welt des Lichts. Lebenserinnerungen und Bekenntnisse einer Ärztin * **Rank, Otto** Psychoanalytische Beiträge zur Mythenforschung. Gesammelte Studien aus den Jahren 1912 bis 1914. * **Rubinstein, Susanna** Ein individualistischer Pessimist: Beitrag zur Würdigung Philipp Mainländers * Eine Trias von Willensmetaphysikern: Populär-philosophische Essays * **Scheidemann, Philipp** Memoiren eines Sozialdemokraten, Erster Band * Memoiren eines Sozialdemokraten, Zweiter Band * **Schweitzer, Christoph** Reise nach Java und Ceylon (1675-1682). Reisebeschreibungen von deutschen Beamten und Kriegsleuten im Dienst der niederländischen West- und Ostindischen Kompagnien 1602 - 1797. * **Stein, Heinrich von** Giordano Bruno. Gedanken über seine Lehre und sein Leben * **Thiersch, Hermann** Ludwig I von Bayern und die Georgia Augusta * **Tyndall, John** Die Wärme betrachtet als eine Art der Bewegung, Bd. 1 * Die Wärme betrachtet

www.severus-verlag.de

als eine Art der Bewegung, Bd. 2 * **Virchow, Rudolf** Vier Reden über Leben und Kranksein * **Wecklein, Nikolaus** Textkritische Studien zu den griechischen Tragikern * **Wernher, Adolf** Die Bestattung der Toten in Bezug auf Hygiene, geschichtliche Entwicklung und gesetzliche Bestimmungen * **Weygandt, Wilhelm** Abnorme Charaktere in der dramatischen Literatur. Shakespeare - Goethe - Ibsen - Gerhart Hauptmann * **Wlassak, Moriz** Zum römischen Provinzialprozeß * **Wulffen, Erich** Kriminalpädagogik: Ein Erziehungsbuch

www.ingramcontent.com/pod-product-compliance
Lightning Source LLC
Chambersburg PA
CBHW021715230426
43668CB00008B/846